A RESPONSABILIDADE TRIBUTÁRIA

V735r   Villela, Gilberto Etchaluz
           A responsabilidade tributária: as obrigações tribu-
         tárias e responsabilidades: individualizadas, solidá-
         rias, subsidiárias individualizadas, subsidiárias soli-
         dárias / Gilberto Etchaluz Villela. — Porto Alegre:
         Livraria do Advogado, 2001.
           160 p.; 14x21 cm.

           ISBN 85-7348-179-X

           1. Responsabilidade tributária.   2. Obrigação tri-
         butária. 3. Substituição tributária. I. Título.

                                              CDU - 336.2

            Índice para o catálogo sistemático
         Responsabilidade tributária
         Obrigação tributária
         Substituição tributária

      (Bibliotecária responsável: Marta Roberto, CRB-10/652)

Gilberto Etchaluz Villela

A RESPONSABILIDADE TRIBUTÁRIA

As obrigações tributárias e responsabilidades
- individualizadas
- solidárias
- subsidiárias individualizadas
- subsidiárias solidárias

livraria
DO ADVOGADO
editora

Porto Alegre 2001

© Gilberto Etchaluz Villela, 2001

Projeto gráfico e diagramação
Livraria do Advogado Editora

Revisão
Rosane Marques Borba

Direitos desta edição reservados por
Livraria do Advogado Ltda.
Rua Riachuelo, 1338
90010-273 Porto Alegre RS
Fone/fax: 0800-51-7522
info@doadvogado.com.br
www.doadvogado.com.br

Impresso no Brasil / Printed in Brazil

Aos meus netos,
Henrique, Rodrigo e Carolina

Aos meus irmãos,
Flávio e Rubens (e seus familiares)

Ao Nelson Tadeu (e família)
e à Maria da Graça

Aos colegas da Procuradoria Regional da
Fazenda Nacional da 4ª Região - P. Alegre

Sumário

Introdução 9

1. Os diversos conceitos que envolvem o termo
"responsabilidade" 17

2. As correntes teóricas da responsabilidade: a subjetiva e a
objetiva 23

3. A responsabilidade no direito objetivo brasileiro 27
   3.1. Na Constituição Federal de 1988 28
   3.2. Na legislação complementar 32
   3.3. Na legislação ordinária 33

4. A responsabilidade no CTN 35

5. A sujeição passiva e o sujeito passivo da obrigação tributária 39
   5.1. Os sujeitos passivos "originários": o contribuinte e o
   responsável (arts. 121 e 122) 40
   5.2. Os sujeitos passivos "derivados" (artigos 129 a 135) ... 43
   5.3. Os tipos de "substituição tributária" ....
   5.3.1. Substituições decorrentes de sucessão (artigos 131 a 135) 44
   5.3.2. Substituições decorrentes da inexecução obrigacional
   quando da administração de bens de contribuintes
   ou responsáveis (artigos 134 e 135) 45

6. Os modos da responsabilidade; as formas de sujeição passiva . 47
   6.1. Obrigações individuais ou individualizadas 48
   6.2. Obrigações solidárias 49
   6.2.1. A solidariedade legal presumida (art. 124, I) e a
   solidariedade legal expressa (art. 124, II) 52
   6.2.2. Efeitos da solidariedade (art. 125) 59
   6.3. Obrigações subsidiárias 61

7. A responsabilidade tributária dos substitutos 69
   7.1. As disposições gerais sobre "responsabilidade tributária"
      (art. 128) 70
   7.2. A "responsabilidade" dos sucessores (art. 129) 75
   7.3. A responsabilidade por sucessão *mortis causa*
      (art. 131, II e III) 77
      7.3.1. A responsabilidade do espólio 78
      7.3.2. A responsabilidade do cônjuge meeiro 80
      7.3.3. A responsabilidade dos herdeiros 82
      7.3.4. A responsabilidade nas dissoluções das sociedades
         conjugais 84
   7.4. A responsabilidade por sucessão decorrente de atos
      inter vivos (arts. 130 e 131, I) 85
   7.5. A sucessão por fusão, transformação, incorporação ou
      cisão (art. 132) 98
   7.6. A sucessão por aquisição de fundo de comércio ou
      estabelecimento (art. 133) 102
   7.7. A responsabilidade decorrente de omissões ou atos
      ilícitos na administração de bens de contribuintes ou
      responsáveis (art. 134) 106
   7.8. A responsabilidade decorrente de atos praticados com
      excesso de poderes ou infração de lei, contrato social
      ou estatutos - atos ilícitos - (art. 135) 117

8. A responsabilidade por infrações (artigos 136 a 138) 123

9. A responsabilidade no Direito Tributário Penal e no Direito
   Penal Tributário. 151

Bibliografia 157

Introdução

A cobertura financeira das sempre crescentes necessidades do Estado para o atendimento de sua missão social vem sendo realizada, de modo geral, por aumentos tributários.

Os protestos dos contribuintes e o desgaste dos governantes são circunstâncias plenas de transtornos e dificuldades, sempre presentes quando de tais majorações.

Os administrados alegam a carga excessiva, o mau emprego dos tributos arrecadados e a omissão do Estado ante as graves ocorrências, tanto da sonegação, como da frouxa cobrança dos devedores.

As próprias autoridades federais já chegaram a admitir que, para cada real arrecadado, um outro se evade. Outra não deve ser a realidade dos Estados, Municípios, Distrito Federal, suas autarquias e fundações.

Era de se esperar que o desgaste dos governantes com os aumentos tributários já devesse ter levado ao entendimento de que se há de lutar com mais severidade contra e evasão e sonegação fiscais, de modo a ser evitado que mais se cobre justamente de quem disciplinadamente paga.

Levando em conta que se arrecada um real para cada um sonegado ou evadido, pelo menos teoricamente podemos concluir que a receita federal - e, quiçá, a dos Estados e Municípios - pode ser duplicada se medidas forem tomadas contra as evasões e sonegações e o retardamento da cobrança dos débitos fiscais.

É entre os que não pagam, os que pagam menos do que deviam, e os que retardam o pagamento, que está a solução para a cobertura das necessidades estatais, quer cobrando mais rapidamente os atrasados devidos, quer tomando-se medidas para evitar as evasões e sonegações fiscais.

Temos pregado como solução para o aumento das receitas um saudável endurecimento que há de partir, certamente, de reforma nas legislações tributária (principalmente no CTN) e processual fiscal (em especial no processo administrativo-fiscal e, no âmbito do Judiciário, nas execuções fiscais).

Por igual pregamos uma nova ótica de interpretação do Direito Tributário, carregada, agora, de objetivos sociais, onde os direitos individuais nunca se sobreponham aos coletivos, esses que são, em última análise, de todo o povo brasileiro. As interpretações jurídicas de nossas leis tributárias têm de ser realizadas com o objetivo de que as necessidades sociais são absolutamente mais ponderáveis que as do contribuinte isoladamente considerado.

Por óbvio não estamos a pregar qualquer autoritarismo desmedido e nem a supressão das liberdades individuais; o que se quer é o entendimento de que não se elevem os interesses do cidadão por sobre os do grupo que ele integra.

Nossas normas constitucionais, nossas leis complementares e ordinárias, quer as tributárias, quer aquelas processuais pertinentes, têm padecido do que chamamos de "síndrome-do-joão-sem terra", um inexplicável e atávico terror de que ainda possam voltar os aguazis do príncipe, intimando o cidadão à entrega de parcela ponderável de sua produção, ou de seus haveres, que, muitas vezes, sofridamente acumulou.

As restrições legislativas e jurisprudenciais às atividades arrecadadoras do Estado refletem, em última análise, a existência dessa "síndrome", determinando o exagero da promoção dos direitos individuais em detrimento daqueles mais nobres do grupo social. Ora, já não há mais lugar para um aguazil intimador ou para um governante como João-Sem-Terra entre nós e, portanto, já não há mais lugar para a defesa do individualismo exacerbado. Se ao Estado não se dará tudo, cumpre também raciocinar-se com o expurgo das idéias individualistas dos tempos do *laissez faire*. Há que se ter, evidentemente, um olho na defesa do cidadão mas não se hão de perder de vista os mais sagrados direitos do Estado, como organismo coletivo maior do grupo social.

As normas tributárias brasileiras, por isso, devem ser interpretadas, primeiro, sob a ótica do que é melhor para todos e, depois, somente depois, sob o ângulo do contribuinte em particular, tudo sem exageros que levem a locupletações inadequadas de qualquer dos lados.

Tais pensamentos e princípios têm orientado nossos modestos trabalhos. Lá estavam eles nas "Reflexões sobre os Lançamentos por Homologação" e na "Teoria da Exigibilidade do Crédito Tributário". E estão, agora, nesta "Responsabilidade Tributária".

Por óbvio os trabalhos refletem o pensamento de que bem mais efetivo seria cobrar-se menos de todos do que pesadamente de alguns, como hoje ocorre.

Pensamos que estarão nossos legisladores e juízes no caminho da mais ampla justiça tributária quando revisarem o exacerbado individualismo objetivo e exegético de nossas leis fiscais.

Aos nossos legisladores cumpre que reformem as leis tributárias com a maior urgência, em especial, como já frisamos, o Código Tributário Nacional (Lei n⁰ 5.172/66), a Lei de Execuções Fiscais (Lei n⁰ 6.830/80) e as normas sobre o processo administrativo-fiscal (Decreto nº 70.235/72).

Temos plena convicção de que a modernização das leis tributárias, com a feição social que postulamos, afastará, por um longo tempo, a necessidade de novos tributos ou a majoração das alíquotas dos já existentes.

A necessária reforma tributária que dizem avizinhar-se, infelizmente parece não ter dado ênfase às normas gerais e, por isso, não creditamos que os novos tributos previstos venham a ser pagos ou cobrados com mais eficiência que os ora em vigor. Sem uma mudança efetiva das normas fiscais, cremos que pouco avançaremos naquele bolo de reais evadidos ou sonegados.

No mesmo rumo, entendemos também necessária uma nova ótica para a jurisprudência tributária, mais consentânea com a prevalência dos direitos do Estado sobre os dos particulares, tudo, naturalmente, sem perdermos de vista aquelas garantias individuais duramente conquistadas, mas dando interpretações que mais condigam com os interesses do povo brasileiro.

Este trabalho por certo não ruma no sentido prescrito na doutrina tradicional, quase toda voltada à proteção dos interesses individuais do contribuinte, havido como a parte fraca da relação sujeito passivo-Estado.

Por vezes parecerá ao leitor o entendimento de um "joãozinho-do-passo-certo", especialmente quando a ótica do autor se choque com *establishment* doutrinário do protetor individualismo tradicional.

Reconhecidamente são poucas as vozes ouvidas em favor da exegese social das normas tributárias. Nossa doutrina tradicional é absolutamente derivada das concepções civilistas dos grandes mestres de nosso Direito Tributário. Poucos são os que se empenham pela ótica pública de nossas leis tributárias. Escassos são os exemplos de doutrinadores voltados para as interpretações publicistas, Leon Sklarovski, entre eles.

Do outro lado, mestres de inegável saber jurídico-tributário como Gomes de Souza, Luciano Amaro, Ives Gandra, Brito Machado, Sacha Calmon, Bernardo Moraes, Barros de Carvalho, Zelmo Denari, Barbosa Nogueira, e tantos outros, são aqueles que modernamente influenciaram e interpretaram o tributarismo brasileiro, ao nosso ver sob o ângulo mais freqüente da defesa e proteção do indivíduo-contribuinte, embora todos eles reconhecendo as necessidades sociais do Estado-arrecadador.

As posições tomadas neste modesto trabalho não devem ser tidas como iconoclásticas. Também nós nos abeberamos da doutrina dos grandes mestres e não vemos porque confrontá-los apenas por diletante prazer da contrariedade.

Mas temos por evidente que questões como as do tabu da necessidade formal de lançamento por autoridade administrativa para constituição do crédito tributário; da diferenciação entre crédito e obrigação tributária; dos efeitos do controvertido lançamento por homologação; da indefinição sobre os reais efeitos da exigibilidade do crédito tributário; das impropriedades sobre prescrição e decadência tributárias; da obrigação de inscrição da dívida ativa pela Procuradoria-Geral da Fazenda Nacional; do alongado procedimento de defesa fiscal no âmbito administrativo; da repetição, permitida, das mesmas defesas, no Judiciário, já longa e penosamente debatidas no âmbito dos processos administrativos; do interminável processo de execução fiscal no Judiciário; e tantas outras necessitam de revisão legislativa e hermenêutica que mais condiga com as necessidades fiscais do País numa nova rodada que abandone o individualismo e tome o rumo da conveniência de todos os brasileiros, e, não, a de apenas alguns.

Um dos maiores esforços que pensamos deva ser levado a efeito por quem trabalha com o Direito Tributário Brasileiro há de ser aquele que traga para o debate doutrinário os lidadores públicos do direito. Aí estão prenhes de conhecimentos a divulgar juízes, procuradores e advogados públicos que, embora formados nas lições dos grandes mestres - fora das quais praticamente não há docência - poderão dissentir da tradição com a bravura lógica que, por certo, nossas limitações não puderam dar a este trabalho.

Que venham eles à liça! O Direito Tributário Brasileiro os convoca!

Sobre serem benvindos, certamente suas idéias serão recebidas pelos grandes mestres, ainda que ante fervorosa dissensão doutrinária, com a lhaneza reservada aos que tanto sabem.

O trabalho aqui apresentado sobre a "Responsabilidade Tributária" em vários pontos contraria a idéia doutrinária habitual.

Confessamos reconhecer que a onipresença das lições dos grandes tributaristas brasileiros dificultam sobremaneira uma outra ótica das questões sobre *responsabilidade*.

Quando ainda estava este livro em rascunhos, nossas idéias foram apresentadas a alguns colegas da Procuradoria da Fazenda Nacional onde, presumíamos, poderiam ter trânsito tranqüilo. Ledo engano! Tão fortes são as lições da doutrina tradicional - onde, afinal, todos aprenderam o Direito Tributário - que o autor sempre teve de muito lidar, quer para debelar o *frisson* que provocava, quer para a aceitação das referidas idéias. Inobstante, restavam, por fim, reconhecidas, tanto a lógica das apresentações, como a possibilidade da existência de uma outra exegese, ainda que, às vezes, contrária à doutrina tradicional.

Esperamos que o leitor venha a passar por três estágios de compreensão. Primeiro, se há de surpreender com colocações que contrariam o *establishment*; depois, raciocinará no sentido da possibilidade de que as idéias poderão estar de acordo com uma interpretação razoável das normas sobre a *responsabilidade tributária*; e, por fim, as aceitará como uma exegese que mais favorece os interesses da sociedade brasileira.

1. Os diversos conceitos que envolvem o termo "responsabilidade"

Para uma melhor compreensão do trabalho, convém o registro de algumas generalidades sobre o tema. Por isso, convém que estabeleçamos, desde logo, o conceito básico de *responsabilidade* no campo obrigacional jurídico.

No Dicionário Aurélio, vamos encontrar as seguintes posições sobre os termos *responsabilidade* e *responsável*:

"- responsabilidade

S. f.

1. Qualidade ou condição de responsável.

2. Jur. Capacidade de entendimento ético-jurídico e determinação volitiva adequada, que constitui pressuposto penal necessário da punibilidade.

Responsabilidade moral. Filos.

1. Situação de um agente consciente com relação aos atos que ele pratica voluntariamente.

2. Obrigação de reparar o mal que se causou a outros.

- responsável

[Do fr. responsable.]

Adj. 2 g.

1. Que responde pelos próprios atos ou pelos de outrem.

2. Que responde legal ou moralmente pela vida, pelo bem-estar, etc., de alguém.

3. Que tem noção exata de responsabilidade; que se responsabiliza pelos seus atos; que não é irresponsável.

4. Que dá lugar a, que é causa de (algo): ~V. editor -. S. 2 g.

5. Pessoa responsável (por alguma coisa ou por alguém).

6. Indivíduo faltoso; culpado."

Como se vê, as duas palavras não servem apenas ao Direito. Há entendimentos filosóficos, morais, éticos, religiosos, e até mesmo populares, envolvendo-as.

Para este trabalho, interessa-nos conceitos como, *responsabilidade* é aquela *capacidade de entendimento ético-jurídico e determinação volitiva adequada, que constitui pressuposto penal necessário da punibilidade* ou *responsável é o que responde pelos atos próprios.*

Nosso Código Tributário - e de resto a própria Constituição e suas Leis Complementares - adotou diferentes sentidos para os termos "responsável" e "responsabilidade", como mais adiante veremos, mas, a rigor jurídico-científico, só há *responsabilidade* quando um agente descumpre norma jurídica que devia observar e, por causar dano a outrem, se obriga pela reparação.

Como sabemos, toda a norma jurídica traz explícita ou implicitamente uma pressão para sua eficácia. É o que Cossio chama, a primeira, de *endomorma*, e, a segunda, de *perinorma*, e que Sacha Calmon Navarro Coelho (*in Teoria e Prática das Multas Tributárias*, 2ª ed. Forense, 1995, p. 13) denomina de norma *impositiva* e norma *sancionante*. Norma desprovida de sanção por seu descumprimento fica destinada a se tornar *vox mortua.*

Como sempre é possível que o agente, por vontade própria (ou por fato que se lhe possa imputar), venha a descumprir comando legal que esteja obrigado a seguir, o mesmo dispositivo - ou outro - socorrerá aquele inadimplido, prescrevendo sanções que conduzam à reparação dos danos que cause tal agente.

Destarte, cientificamente, *responsabilidade* é a obrigação de alguém em reparar cabalmente o dano que infringiu a outrem, descumprindo norma jurídica que devia observar. O vínculo jurídico que une o sujeito passivo ao sujeito ativo da obrigação - o mesmo que deduz, de um lado um crédito e, de outro um débito - é também causa geradora de uma nova obrigação, agora de reparação, quando aquela primeira teve sua prestação desatendida. Esta nova obrigação reparatória é resultado da *responsabilidade* do devedor inadimplente.

A condição de *responsável* só nasce para um sujeito passivo obrigacional com a instalação da exigibilidade prestacional. A *responsabilidade* é, por isso, filha da inadimplência. Um devedor, desde o surgimento de seu débito, está obrigado a satisfazê-lo na condição de sujeito passivo, mas só se tornará *sujeito passivo responsável* após o vencimento da obrigação, quando não adimplida.

Por isso se diz que a responsabilidade deriva de duas fontes legais: de uma primeira lei, aquela pela qual fica estabelecida a obrigação principal; e, de uma segunda, aquela, sancionatória, pela qual, constatado o inadimplemento da obrigação principal, são adicionados ônus reparatórios à satisfação final.

Mas não se entenda que tal dever - a *responsabilidade* - é mera e tão-somente aquele provindo da sanção reparatória. Se o agente descumpriu uma obrigação à qual se vinculava e, com isso, feriu direito de terceiro, causando-lhe prejuízos, o seu novo dever é a *soma* da obrigação inadimplida com aquelas outras, derivadas das sanções que lhe possam ser impostas pela lei ou pelo contrato. A satisfação prestacional só se dará com a quitação de uma e outras.

Neste passo, é preciso que se volte a alertar: a palavra *responsabilidade* é utilizada nas leis tributárias em várias acepções, carecendo de sentido perquirir-se qual seja o mais verdadeiro, pertinente ou científico, eis que, como todos derivam das ditas leis, todos devem ser igualmente aceitos. E é o rumo que tomamos neste trabalho, porque, embora reconhecendo o desvio da melhor doutrina, não teríamos como enfrentar o tema escolhido sem adotá-lo. Por isso, tortuosamente andaremos a perseguir uma *responsabilidade*, ora pelo rigor científico-doutrinário do termo, ora fora dele, quando a lei der conotação diversa à palavra, sem qualquer religioso apego a uma, quiçá, melhor catequese jurídica.

Os doutrinadores do Direito Tributário, na maior parte das vezes, referem o termo *responsabilidade* ao dever que se atribui a quem é chamado à imposição tributária sem ser exatamente o contribuinte, num claro efeito resultante do que dispõe o parágrafo único do art. 121 do CTN ("... Parágrafo único. O sujeito passivo da obrigação principal diz-se: ... II - responsável, quando, sem revestir a condição de contribuinte, sua obrigação decorra de disposição de lei.").

Para Ives Gandra da Silva Martins, por exemplo,

"Responsabilidade tributária é a sujeição passiva à obrigação tributária, por força de lei, imposta à pessoa física ou jurídica, que, sem revestir a condição de contribuinte, tenha vinculação direta a seu fato gerador, seja por substituição excludente, seja por atribuição supletiva do cumprimento da respectiva obrigação, total ou parcialmente."(*in* "Responsabilidade Tributária", *Caderno de Pesquisas Tributárias* nº 5, 2ª ed. Resenha Tributária, 1980, p. 16).

No mesmo rumo, Hugo de Brito Machado (na mesma obra acima, p. 47), para quem "responsabilidade tributária"

"é o dever de prestar o objeto da obrigação tributária atribuído a quem não seja contribuinte."

Procurando um maior rigor científico, Bernardo Ribeiro Guimarães (op. cit. p. 365) ensina:

"Responsabilidade tributária é a relação jurídica entre duas ou mais pessoas, mediante a qual uma delas, a credora, pode exigir da outra, a devedora, uma prestação tributária, ficando os bens desta para a garantia, tendo em vista o inadimplemento da obrigação tributária originária (responsabilidade pelo crédito tributário) ou a violação da legislação tributária (responsabilidade por infrações tributárias)."

Mas já vimos, também, que podemos tratar a *responsabilidade tributária* a partir de um conceito geral de *responsabilidade*. Esta, será a obrigação de alguém em reparar cabalmente o dano que tenha infringido a outrem, descumprindo norma que devia observar. O vínculo jurídico que une o sujeito passivo ao sujeito ativo da obrigação - o mesmo que deduz, de um lado, um crédito e, de outro, um débito - é também causa geradora de uma nova obrigação, agora de reparação, quando aquela primeira teve sua prestação desatendida. Esta nova obrigação reparatória é resultado da responsabilidade do devedor inadimplente.

A responsabilidade tributária, mercê das diferentes acepções do termo, chega a ser definida de duas formas: a primeira, derivada do parágrafo único do artigo 121 do CTN, exatamente a partir do texto ali contido, como o fizeram os mestres Gandra e Machado e, a segunda, a partir do conceito de *reparação*, como o fez o doutrinador Moraes, todos acima citados.

2. As correntes teóricas da responsabilidade: a subjetiva e a objetiva

Costuma-se sujeitar o estudo da *responsabilidade* a duas teorias fundamentais: a da *responsabilidade subjetiva* e a da *responsabilidade objetiva*.

A *responsabilidade subjetiva* é aquela em que o agente efetivamente só será chamado a reparar o dano se o ato ou fato que se lhe impute derive de culpa sua (*lato sensu*, por prática de dolo, ou *stricto sensu*, quando tenha agido com imprudência, imperícia ou negligência)

Já a *responsabilidade objetiva* independe da idéia da necessária prova da culpabilidade do agente. Encerra conceitos sobre a assunção do *risco* de vir ele a causar danos a terceiros com suas ações, ainda que, volitiva e conscientemente, sua predisposição não fosse de dolo ou culpa. Para a responsabilização pelos danos causados, basta, objetivamente, que o sujeito passivo tenha colocado em ação sistemas, providências ou mecanismos que o favoreçam, capazes de gerar os prejuízos a outrem. Provada a assunção do *risco* na produção, e do *dano* ocorrido a terceiro, o agente passa ser obrigado à reparação - prescindindo-se da perquirição de culpa - simplesmente por haver acionado aqueles sistemas, providências ou mecanismos que o favoreciam de alguma forma e que foram causa eficiente do prejuízo de alguém.

Washington de Barros Monteiro (*in Curso de Direito Civil* - 4º vol., Direito das Obrigações, 1ª Parte, 28ª ed.

Saraiva, 1995, p. 397 e segs.) quando procura extremar os conceitos de responsabilidades subjetiva e objetiva, afirma:

> "A tendência atual do direito, observa Ripert, manifesta-se no sentido de substituir a idéia da responsabilidade pela idéia da reparação, a idéia da culpa pela idéia do risco, a responsabilidade subjetiva pela responsabilidade objetiva."

Nosso Código Civil, base de tantos outros ramos do direito no País, adota, com algumas exceções, a teoria da responsabilidade subjetiva, aquela, para cuja existência, há de se fazer presente a idéia de culpa do sujeito passivo pelo descumprimento de uma obrigação.

Já nosso Direito Tributário, a respeito é, de certa forma, inovador, pois, embora aceite, por vezes, a idéia da culpa subjetiva que conduz à responsabilidade de um agente - quer no sentido *lato sensu* do dolo, quer no *stricto sensu* da negligência, imprudência ou imperícia, em ambos os casos, comissivos ou omissivos - por outro lado consagra, também, e até com mais freqüência, a idéia do risco e da responsabilidade objetiva.

Assim, vamos encontrar, em vários dispositivos do Código Tributário Nacional e na legislação tributária de um modo geral, posições que fazem surgir responsabilidades legais a sujeitos passivos de obrigações tributárias, meramente, ou por haverem, via ações ou omissões suas, assumido o risco de causar danos objetivos ao Estado - independentemente se são ou não culpados por tais prejuízos - ou por estarem na situação definida em lei para a realização de prestações pecuniárias ou acessórias, tudo pelo simples exercício de atividades que os favorecem economicamente.

O art. 136 do CTN consagra, assim, a responsabilidade objetiva em nosso Direito Tributário:

> "Art. 136. Salvo disposição de lei em contrário, a responsabilidade por infrações da legislação tribu-

tária independe da intenção do agente ou do responsável e da efetividade, natureza e extensão dos efeitos do ato."

Mas não se imagine que o CTN faz uma definitiva e fanática profissão de fé aos princípios objetivistas. Embora tenha escolhido como base estes princípios, por vezes tem ele recaídas subjetivistas, às vezes mal resolvidas, como se vê nos artigos 135 e 137, onde as tentativas em dar ênfase à teoria subjetiva, como a seu tempo veremos, deixou a desejar.

3. A *responsabilidade* no direito objetivo brasileiro

Vimos antes que é inadmissível a existência de uma norma de conduta desprovida da sanção legal destinada a garantir o cumprimento de suas disposições.

Partindo dessa premissa, será óbvio o entendimento que, a cada norma jurídica de conduta, sempre corresponderá uma outra, explícita ou implicitamente sancionatória.

A *responsabilidade jurídica*, por isso, se faz presente em todos os ramos do Direito.

No Direito Tributário Brasileiro nem sempre o significado do termo estará de acordo com o conceito básico de responsabilidade e nem sempre uma obrigação expressa na norma virá - coincidente ou não com o referido conceito - veiculada com a palavra *responsabilidade*.

Como já frisamos, é freqüente que o CTN dê, aos termos *responsabilidade* e *responsável*, conotações diferentes daqueles conceitos adotados na mais pura doutrina, como breve veremos. Esta situação, entretanto, não pode deixar de ser enfrentada neste trabalho, eis que são posições legais expressas. Inobstante, é de se alertar para a impropriedade conceitual com que freqüentemente a lei trata o tema *responsabilidade*, dando acepções as mais diversas à palavra, de modo a, por vezes, distanciá-la daquele conceito básico de sujeito passivo obrigado a reparar, onerado pelo próprio inadimplemento.

Será exemplo desse posicionamento ambíguo o termo *responsável* utilizado pelo CTN no inciso II do parágrafo único de seu art. 121. O comando define como *responsável* sujeito passivo que, pelo menos no primeiro momento da definição, não está na condição de *mora debitoris*. Assim, se uma empresa, por exemplo, obrigada a recolher imposto de renda na fonte de seus empregados, deixar de fazê-lo no vencimento legal fixado, será definida, embora esdruxulamente, somo um sujeito passivo *responsável* com *responsabilidade*. *Responsável,* porque assim a define a lei como sujeito passivo da obrigação tributária. Com *responsabilidade*, porque, inadimplente, tem o dever de reparar o dano que eventualmente haja sofrido o Estado-credor, sujeito ativo da obrigação.

Outra acepção de *responsabilidade* temos quando, por exemplo, a Constituição Federal ou qualquer outra lei fala em competências, referindo-se que é obrigação de determinado Poder ou Agente - ou que é, em suma, de sua *responsabilidade* - a execução, ação ou cuidado sobre determinada situação. Em tais casos, bem de ver, a responsabilidade não será exatamente aquela do conceito formulado pela mais escorreita doutrina.

Vejamos alguns exemplos de *responsabilidade* expressos em nosso ordenamento jurídico:

3.1. Na Constituição Federal de 1988

- art. 5º, V, sobre danos à imagem e publicações ofensivas;
- art. 5º, X, sobre violações à intimidade, vida privada e honra das pessoas;
- art. 5º, LXXV, sobre erro judiciário e alongamento de prisão além da sentenciada;
- art. 5º, XLV, sobre a transmissão aos herdeiros do agente do delito;

- art. 5º, XXVIII, sobre indenizações em acidentes do trabalho;
- art. 22, sobre a administração e orientação intelectual de jornais, rádios e televisões;
- art. 37, § 2º, sobre observação de concursos públicos obrigatórios;
- art. 37, § 4º, sobre improbidade; o art. 37, § 6º, sobre danos de funcionários públicos a terceiros;
- art. 42, § 7º, sobre perda, pelo militar, do posto e patente por indignidade ou incompatibilidade com a função;
- art. 50 *caput* e seu § 2º, sobre comparecimento de Ministro à Câmara, ao Senado ou às suas comissões, quando convocado e sobre não-atendimento de pedidos de informações;
- art. 55, sobre procedimentos de deputado ou senador e perda de mandatos;
- art. 73, § 1º, sobre irregularidades ou ilegalidades na fiscalização contábil, financeira e orçamentária do Estado e de suas entidades;
- art. 85, sobre crimes do Presidente da República.
- art. 173, § 5º, sobre extensão às empresas, além de seus dirigentes por atos praticados contra a ordem econômico-financeira e economia popular;
- art. 225, § 3º, sobre danos ao meio ambiente;
- art. 229, sobre o dever dos pais em assistir, criar e educar os filhos, e o destes, quando, maiores, de ajuda aos pais na velhice;
- art. 230, sobre o amparo aos idosos.

A esses exemplos, claramente casos de *responsabilidades* nos âmbitos público e privado do Direito Constitucional objetivo, e onde se percebe que nem sempre há um ajustamento ao conceito doutrinário de "reparação", não esqueçamos de mencionar e juntar aquelas diversas competências (do Judiciário, do Legislativo, do Executivo, dos Serviços Públicos, das Unidades Federadas, etc.)

que são, também, "responsabilidades" definidas para determinadas ações que se destinam a dar conseqüência aos mais diversos misteres contemplados nas normas constitucionais.

No âmbito do Direito Constitucional Tributário, as principais anotações advêm, justamente, daquelas mencionadas competências, onde se define, por exemplos, que é responsabilidade:

- da União, dos Estados e do Distrito Federal, legislar concorrentemente sobre normas gerais de direito tributário (art. 24, I);
- da Procuradoria-Geral da Fazenda Nacional, a execução da dívida ativa de natureza tributária da União (art. 131, § 3º);
- da União, exclusivamente, a instituição de contribuições sociais (art. 149);
- da União, a instituição dos impostos de importação, de exportação, sobre a renda, sobre produtos industrializados, sobre operações de crédito, câmbio e seguro, sobre propriedade territorial rural e sobre grandes fortunas (art. 153);
- dos Estados e do Distrito Federal, a instituição de impostos sobre circulação de mercadorias e serviços, sobre a propriedade de veículos automotores, sobre a transmissão *causa mortis* e doações (art. 155);
- dos Municípios, a instituição de impostos sobre a propriedade predial e territorial urbana, sobre a transmissão *inter vivos* por ato oneroso de bens imóveis, e sobre a prestação de serviços de qualquer natureza (art. 156).

Outro exemplo constitucional de *responsabilidade* encontramos no art. 1º da Emenda Constitucional 3/93, aquele que acrescentou o § 7º ao art. 150 da Lei Maior para que se atribuísse responsabilidade pelo pagamento de imposto ou contribuição sobre fato gerador futuro.

Ainda no âmbito do direito tributário, a Constituição trata importantemente da *responsabilidade* no art. 146, III, muito embora de forma indireta. Vejamos como, apresentando, desde logo, o teor do referido comando constitucional:

"Art. 146. Cabe à lei complementar:

I - (...);

II - (...)

III - estabelecer normas gerais em matéria de legislação tributária, especialmente sobre:

a) definição de tributos e de suas espécies, bem como, em relação aos impostos discriminados nesta Constituição, a dos respectivos fatos geradores, bases de cálculo e contribuintes;

b) obrigação, lançamento, crédito, prescrição e decadência tributários;

c) adequado tratamento tributário ao ato cooperativo praticado pelas sociedades cooperativas."

Como se vê, a Constituição reserva às leis complementares o trato de vários dos temas de que se ocupa o Livro Segundo do CTN (Normas Gerais de Direito Tributário), especialmente seus Títulos I (Legislação Tributária), II (Obrigação Tributária) e III (Crédito Tributário), atingindo a grande maioria de seus artigos (do 96 ao 193).

Entre estes mesmos artigos vamos encontrar - como temas reservados constitucionalmente às leis complementares - normas sobre identificação do sujeito passivo (arts. 121 a 123); sobre solidariedade (arts.124 e 125); e, especificamente, sobre *responsabilidade tributária* (arts. 128 a 138).

É de se entender, portanto, que a Constituição, ainda que de forma indireta, tratou da responsabilidade tributária, pelo menos para reservar à legislação complementar, com exclusão de qualquer outra, de hierarquia inferior, o estabelecimento de normas a propósito.

A RESPONSABILIDADE TRIBUTÁRIA

3.2. Na legislação complementar

Reservando a questão da *responsabilidade*, como expressa no CTN - que também é norma complementar por consideração jurisprudencial e porque, realmente, recebido que foi por ela no art. 34 dos ADCT, complementa a Lei Maior - para ser mais minuciosamente examinada adiante, embora sem o rigor doutrinário sobre o termo, tomamos como exemplos do assunto na legislação complementar esparsa:

- art. 10 da LC 63/90, sobre intervenção em Estado Federado que retarde a entrega de recursos legais a Municípios;
- art. 9º da LC 64/90, sobre sanção por retardamento em dar-se sentença em recurso a impugnação de registro de candidato a eleições municipais;
- art. 1º da LC 70/91, sobre a incidência da COFINS no faturamento das pessoas jurídicas;
- art. 8º, § 1º, da LC 75/93, sobre uso indevido de informações e documentos que membro do MPF requisite;
- art. 8º, § 3º, da mesma LC 75/93, sobre sanção pelo retardamento no cumprimento de requisição pelo MPF;
- arts. 239 a 243 ainda da LC 75/93, sobre sanções de que são passíveis os membros do MPF;
- arts. 49 e 129 da LC 80/94, sobre deveres e responsabilidades das Defensorias Públicas da União e dos Estados;
- art. 1º, § 3º, da LC 82/95, sobre sanção pelo excesso de limites com despesas de pessoal pelas unidades federadas;
- arts. 6º, 8º e 9º da LC 87/96, sobre responsabilizações no âmbito do ICMS; e,
- art. 4º, § 2º, da LC 93/98, sobre utilização dos recursos do Funterra.

Há ainda diversas menções de competências (responsabilidades para determinados atos ou funções) nas diversas Leis Complementares federais. Entre elas, citamos como exemplo, por interessar ao Direito Processual Tributário, o art. 12 da LC 73/93, sobre competência da Procuradoria-Geral da Fazenda Nacional para inscrever e cobrar a dívida ativa da União e para defendê-la nas causas fiscais.

3.3. Na legislação ordinária

Na legislação ordinária, os exemplos de *responsabilidade* são inúmeros. Valemo-nos de alguns, como:

- art. 69 da Lei 4.320/64, sobre adiantamento a servidor em alcance;

- art. 84 da mesma Lei, sobre tomada de contas dos agentes responsáveis por bens e dinheiros públicos;

- Lei 4.729/65, que define o crime de sonegação fiscal;

- arts. 5º, 6º e 7º da Lei 5.143/66, sobre *responsáveis* pela cobrança e recolhimento do IOF e penalizações pertinentes e, no mesmo sentido do art. 5º, o art. 3º do Decreto-Lei nº 1.783/80;

- art. 29, § 2º, do Decreto-Lei nº 37/66, sobre restituição de imposto de importação;.

- art. 32 do mesmo DL, sobre indicação de *responsáveis* pelo Imposto de Importação;

- art. 123, ainda do mesmo DL, sobre prazo para defesa de responsável por infração no Imposto de Importação;

- art. 2º, § 5º, I, da Lei nº 6.830/80 (Lei das Execuções Fiscais), sobre inscrição de co-responsáveis nos Termos de Inscrição da Dívida Ativa;

- §§ 2º e 3º do art. 3º da mesma Lei nº 6.830/80, sobre aplicação da legislação civil à execução da

Dívida Ativa da União e sobre a penhora em tais causas;

- Lei nº 8.137/90, sobre crimes contra a ordem tributária;

- art. 28, § 2º, da Lei nº 8.383/91, sobre compensação de prejuízos em operações *day trade* ou com *hedge*;

- art. 30, § 1º, da mesma Lei, sobre isenção de responsabilidade por retenção e recolhimento de tributos de representante de estrangeiros em operações de mercado financeiro;

- § 1º, do art. 1º da Lei nº 8.685/93, sobre limites à dedução de IR em casos de fomento à atividade audiovisual;

- Lei nº 8.866/94, sobre depositário infiel de valor pertencente à Fazenda Pública;

- art. 5º da Lei nº 9.311/96, sobre quem deve reter e recolher a CPMF e o estabelecimento de subsidiariedades;

- art. 31 da Lei nº 9.430/96, que deu nova redação ao art. 35 da Lei nº 4.502/64, sobre designação de contribuinte substituto e a responsabilização do contribuinte originário em casos de infração;

- art. 36, par. único, da mesma Lei, sobre notificação da lacração de arquivos em casos de fiscalização;

- art. 47 da mesma Lei, sobre aplicação de acréscimos de procedimento espontâneo;

- art. 69 da mesma Lei, sobre responsabilização da pessoa jurídica que efetua pagamentos a fundos, sociedades de investimentos e outros, por retenção e recolhimento de IR na fonte;

- art. 70, § 1º, da mesma Lei, sobre quem deve reter o IR-fonte em casos de pagamentos de multas por rescisões de contratos ou outra vantagem paga por indenização a pessoa física ou jurídica; e,

- art. 73, II, ainda da mesma Lei, sobre restituição e compensação de tributos e contribuições.

4. A responsabilidade no CTN

O Código, como já frisamos, não tratou o tema *responsabilidade* com grande rigor doutrinário, determinando uma diversificação de significados à palavra nos diversos momentos em que a empregou.

Os termos *responsável* e *responsabilidade* ou, ainda, variações deles, derivadas por aplicações de modos e tempos diversos dos verbos *responder* ou *responsabilizar*, estão mencionados no CTN:

- art. 121, par. único, II (*responsável*), na acepção de "sujeito passivo";
- art. 123 (*responsabilidade*), na acepção de "obrigação", "dever";
- art. 127, *caput* e em seu § 1º (*responsável*), em ambas as oportunidades, significando "sujeito passivo";
- art. 128 (*responsabilidade*), por duas vezes, no entendimento de "obrigação";
- art. 131, *caput* (*responsáveis*), no sentido de "obrigados"; e no art. 131, II (*responsabilidade*), no sentido de "obrigação";
- art. 132 (*responsável*), na compreensão de "obrigada";
- art. 133 (*responde*), significando "obriga-se";
- art. 134 (*respondem*), significando "obrigam-se". É caso de aplicação da teoria da responsabilidade objetiva, salvante caso de que os relacionados nos artigos 134 e 135 ajam contra aquelas por quem res-

A RESPONSABILIDADE TRIBUTÁRIA **35**

pondem com dolo específico (a teor do art. 137, III). Não verificada a exceção, os novos obrigados relacionados no comando são, independentemente de demonstração de qualquer culpabilidade, chamados a satisfazer obrigações que não puderam ser cobradas dos sujeitos passivos sob seu encargo; ainda no mesmo artigo, *"responsáveis"*, com o sentido inédito de "encarregado", "incumbido de certa tarefa"

- art. 135 (*responsáveis*), na acepção de "obrigados". Neste caso, temos a ocorrência de tentativa frustrada de impor a teoria da responsabilidade subjetiva. As pessoas indicadas seriam individualmente responsabilizadas pelo pagamento do crédito tributário se provado que atuaram com algum tipo de culpa (oportunamente veremos que não era o caso);

- art. 136 (*responsabilidade*), no entendimento de "obrigação" e, (*responsável*), com o sentido de "substituto legal". No primeiro caso, registra a idéia de que o CTN consagra a teoria da responsabilidade objetiva, quando uma outra norma não disponha contrariamente;

- art. 137, *caput* (*responsabilidade*), com o sentido de "obrigação"; e, no art. 137, III, *a* (*respondem*), significando "obrigam-se". É registro de responsabilidade subjetiva onde se há de perquirir a culpabilidade do agente.

- art. 138 (*responsabilidade*), na acepção de "obrigação". Aqui se anistiam os devedores - culpados ou não - das sanções decorrentes de infrações tributárias, desde que pagos os tributos devidos e seus juros de mora.

- art. 142 (*responsabilidade*), no sentido de "sanção penal". Na verdade estamos frente à questão mais administrativa que tributária. O penalizado - independentemente de apuração de culpabilidade (a teor do art. 136) - será o funcionário que deixa de cumprir ato (o lançamento) a que está obrigado por lei.

- art. 144. § 1º (*responsabilidade*), no entendimento de "obrigação";
- art. 163 (*responsabilidade*), no sentido de "obrigação por sanção", de "obrigação por penalidades";
- art. 202 (*co-responsáveis*), significando "co-obrigados", ou "também obrigados", para nós, por solidariedade, para outros, por subsidiariedade;
- art. 207 (*respondendo*), na acepção de "obrigando-se". A obrigação se estende a outras pessoas que participem do ato, consagrando solidariedade e aplicando a teoria da responsabilidade objetiva; e,
- art. 208, *caput* (*responsabiliza*) no sentido de "penaliza", com caráter sancionatório administrativo onde cabe a determinação de culpa; e, 208, par. único (*responsabilidade*), também com o significado de "penalização", já no âmbito criminal, onde, por óbvio, também não se dispensará a perquirição de culpabilidade do agente.

Como se vê, são raras as menções que se ajustam devidamente ao conceito doutrinário de *responsabilidade*. Na maioria das incidências, o significado é de outra natureza, como, por exemplo, de "sujeito passivo", "sujeição passiva", ou, ainda, de "obrigação".

Por isso, o estudo da matéria não pode deixar de levar em conta tal diversidade de acepções e será contando com tal variedade de significados que vamos enfrentar a temática sobre a responsabilidade tributária, até porque o legislador, tendo à mão toda a sorte de sentidos que nosso léxico português atribui às palavras *responsabilidade* e *responsável*, não estaria, certamente, obrigado a recusar a utilização desse acervo para dar entendimentos exclusivos aos termos, homenageando o rigorismo científico, mas rejeitando o proveito prático.

5. A sujeição passiva e o sujeito passivo da obrigação tributária

Como sabemos, qualquer obrigação, tributária ou não, tem os seguintes elementos: o sujeito ativo (credor), o sujeito passivo (devedor), o objeto (a prestação) e o vínculo jurídico.

Nosso trabalho sobre *responsabilidade* naturalmente exige o estudo do elemento que se coloca no pólo negativo da relação obrigacional: *o sujeito passivo*. É, aliás, no estudo do sujeito passivo que vamos notar a acepção mais comum que o CTN faz ao termo *responsabilidade*, justamente no sentido de *sujeição passiva*.

O *sujeito passivo* em qualquer obrigação é sempre aquela pessoa física ou jurídica que tem o dever de satisfazer a prestação.

Na obrigação tributária, sujeito passivo também é aquela pessoa física ou jurídica - ou até mesmo sociedades de fato ou universos patrimoniais porque, segundo o art. 126, III, do CTN, *a capacidade tributária independe de estar a pessoa jurídica regularmente constituída, bastando que configure uma unidade econômica ou profissional* - que tem o dever estabelecido em lei de pagar um tributo ou penalidade pecuniária ao Estado-credor (*dare*) ou, ainda, de a este prestar, também em decorrência de lei, um *facere*, um *non facere*, ou um *tolerare*.

Não há sujeição passiva sem lei que a defina, pois é garantia constitucional que ninguém seja obrigado a fazer ou deixar de fazer alguma coisa - inclusive prestar ao Estado - senão em virtude de lei (arts. 5º, II, e 146, III, *a*, da Constituição Federal; e art. 97 do CTN). A lei tributária, entretanto e por vezes, pode presumir uma sujeição passiva, como será exemplo uma situação derivada da solidariedade instituída no art. 124, I do CTN ("São solidariamente obrigadas: I - as pessoas que tenham interesse comum na situação que constitua o fato gerador da obrigação principal. ..."). Mas, ainda assim e como se vê, a presunção que leva à sujeição passiva decorrerá da lei; desta lei complementar.

O sujeito passivo de uma obrigação tributária nem sempre poderá estar determinado quando se inicia a relação jurídico-tributária. Mas deve ser determinável. É, por exemplo, o que ocorre com aqueles tributos sujeitos ao que se chama de lançamento por homologação. Em tais casos, o crédito tributário se constitui no momento mesmo da realização do fato gerador e, desde então, se estabelece que o realizador do *fattispecie* em questão já é devedor do Estado. Entretanto, este não o conhece *ab initio*, embora já seja credor. A determinação do devedor se dará: a) ou por ocasião do pagamento do tributo, quando o sujeito passivo, conhecendo, porque estabelecidos em lei, sua sujeição, a base de cálculo, a alíquota incidente, a data do vencimento da obrigação, enfim, todos os elementos de seu débito, paga-o, portanto, determinando-se, individualizando-se, revelando-se, nesse momento, ao credor; ou, b) quando, à míngua do ato legal do devedor, sejam, o débito, e o próprio devedor, postos a descoberto pela fiscalização.

5.1. Os sujeitos passivos "originários": o contribuinte e o responsável (artigos 121 e 122)

Quer determinado, quer determinável, o sujeito passivo da obrigação tributária se apresenta, originariamente, através de dois tipos definidos em lei: o *contribuinte* e o *responsável*. Ambos poderão ser devedores por obrigações principais ou por obrigações acessórias.

É o que deriva dos artigos 121 e 122 do CTN:

"Art. 121. Sujeito passivo da obrigação principal é a pessoa obrigada ao pagamento de tributo ou penalidade pecuniária.

Parágrafo único. O sujeito passivo da obrigação principal diz-se:

I - contribuinte, quando tenha relação pessoal e direta com a situação que constitua o respectivo fato gerador;

II - responsável, quando, sem revestir a condição de contribuinte, sua obrigação decorra de disposição expressa de lei."

"Art. 122. Sujeito passivo da obrigação acessória é a pessoa obrigada às prestações que constituam o seu objeto."

O *contribuinte* e o *responsável* são *sujeitos passivos originários*, porque seus deveres se originam, ou nascem, juntamente com a obrigação tributária; estão presentes desde o fato gerador, desde o início da responsabilidade perante o Estado-credor.

O *contribuinte* será aquele que efetivamente produz (ou a respeito de quem se produz) o fato econômico que determinada lei transforma em fato gerador do tributo devido. É o figurante principal do cenário que se estabelece, tendo, por atores, o Estado e o sujeito passivo.

Já o *responsável* é aquele sujeito passivo que chega à relação jurídico-tributária, também originariamente, isto é, desde a ocorrência do fato gerador, mas que deste não é o produtor. É que a lei, por conveniência, comodidade da arrecadação ou necessidade, em certas ocasiões, substitui o devedor primário, aquele que produziu o fato gerador, aquele que teve vantagem econômica com sua ocorrência, por outra pessoa, física ou jurídica, que haja, de alguma forma participado na referida hipótese de incidência. O art. 121 o define por exclusão; é aquele, diz, que, não sendo o contribuinte, tenha obrigação por que assim o quer a lei. É um "terceiro" que se vincula ao Estado, um figurante que com ele contracena quando a lei afasta do palco o ator principal e mais habitual: o contribuinte.

A posição de *responsável* deve obedecer aos limites estabelecidos no art. 128 do CTN: há de ser um terceiro; há de ser nomeado de forma expressa na lei; há de excluir ou tornar supletiva a responsabilidade do contribuinte produtor do fato gerador; e, há de ter participação (*vinculação*, diz a lei) com o fato gerador.

Assim sendo, o sujeito passivo tributário originário, artífice, ou não, do fato gerador, é aquele que a lei determina e diz estar, desde o início da relação jurídica, no pólo passivo da obrigação.

Colocado *ex lege* no lugar do contribuinte, o *responsável* não tem, entretanto, com o primeiro, qualquer relação no campo tributário, eis que paga dívida própria, e não do mencionado contribuinte. As relações entre eles poderão se dar no âmbito civil mas, jamais, no tributário.

Em algumas ocasiões, quando a lei assim o defina, poderão ambos, *responsável* e *contribuinte*, estar, concomitantemente, no pólo passivo da obrigação, mas com situações diferentes. O principal pagador será, em tais casos, o *responsável*, restando, se a lei assim o determinar, a posição de sujeito passivo *subsidiário*, supletivo, auxiliar, "de garantia" ou "de reforço", ao *contribuinte*.

Não temos a impressão de que o contribuinte, em tais circunstâncias, seja sempre mero sujeito passivo "supletivo". Nossa opinião é a de que é ele que poderá ser um *solidário*, eis que tem interesse comum, juntamente com o "responsável", na situação que constituiu o fato gerador da obrigação principal, como está definido no inciso I do art. 124. A idéia toma maior lógica quando pensamos que, faltante uma clara definição legal sobre a supletividade, incidirá, por óbvio, aquela disposição sempre presente de solidariedade do referido art. 124, I, do CTN.

5.2. Os sujeitos passivos "derivados" (artigos 129 a 135)

Tanto o *contribuinte* como o *responsável* podem, eventualmente por necessidade ou determinação legal, e no curso da obrigação jurídico-tributária, vir a ser substituídos no *debitum* por outras pessoas físicas ou jurídicas: os *substitutos*. São os *sujeitos passivos derivados*, não originários.

A substituição derivada, na responsabilidade tributária, se dará sempre após a realização do fato gerador. No momento em que com este nasce o crédito tributário, a *responsabilidade* estará, obrigatoriamente, ou com o contribuinte ou com o responsável. É somente a seguir que poderá ocorrer a substituição, seja antes da instalação da exigibilidade do crédito (vencimento da obrigação), ou depois dela. No primeiro caso, a substituição acarreta ao *substituto* apenas o ônus do valor do próprio tributo e sua correção monetária; no segundo, tal valor corrigido estará acrescido de juros e ônus legais.

Destarte, não há obrigação tributária que originariamente se apresente com a responsabilidade de um *substituto*, sendo necessário reafirmar que um *responsável*, mesmo aparecendo *ab initio* como sujeito passivo, não é substituto de um *contribuinte*, já que a lei lhe impõe estar originariamente naquela posição passiva da obrigação "no lugar do", e não "em substituição ao" *contribuinte*.

5.3. Os tipos de "substituição tributária"

A *substituição* tributária do contribuinte ou do responsável vem delineada no Capítulo V do Livro Segundo do Código Tributário Nacional, em especial nos artigos 129 a 135.

Há os seguintes tipos de *substitutos*, a quem o Código, em alguns momentos, chama de *terceiros*:

a) decorrentes de sucessão, quer por *mortis causa*, quer por *inter vivos actorum causa* (art. 130, 131, 132 e 133); e,

b) decorrentes da administração de bens de contribuinte ou responsável, quer por impossibilidade da prestação por parte do contribuinte ou responsável, quer por ato ilícito ocorrido na administração (artigos 134 e 135)

5.3.1. Substituições decorrentes de sucessão (artigos 131 a 133)

Como já frisamos, as substituições por sucessão derivam: a) da morte do contribuinte, do responsável ou de alguém que já era substituto destes; ou, b) de atos volitivos *inter vivos* que sejam praticados por pessoas envolvidas com fatos geradores.

Nos casos de substituição decorrente de sucessão *causa mortis*, poderão ser responsabilizados:

a) o espólio - art. 131, III;

b) os herdeiros e o cônjuge meeiro (embora este não seja exatamente um sucessor do *de cujus*) - art. 131, II.

Nos casos de substituição decorrente de atos *inter vivos*, poderão ser responsabilizados:

a) as pessoas físicas ou jurídicas adquirentes de direitos em bens imóveis (propriedade, domínio útil ou posse) pelos tributos (impostos, taxas, contribuições de melhoria e sociais) na transferência dos ditos direitos (art. 130);

b) as mesmas pessoas, na remição dos antes referidos direitos imobiliários (art. 131, I);

c) as mesmas pessoas, adquirentes ou remitentes, na transferência da propriedade de bens móveis (art. 131, I);

d) a pessoa jurídica de direito privado que resulte de fusão, transformação ou incorporação de outra ou em outra empresa - art. 132;

e) as pessoas jurídicas de direito privado que resultem de cisão de uma outra empresa - por decorrência do art. 229 da Lei nº 6.404/72 (Lei das Sociedades Anônimas);

f) o sócio remanescente (ou seu espólio) que continue exploração de pessoa jurídica de direito privado extinta sob a mesma ou outra razão social, ou sob a forma de firma individual - art. 132, par. único; ou,

g) a pessoa física ou jurídica de direito privado que adquire fundo de comércio ou estabelecimento empresarial e continua a exploração sob a mesma firma ou nome individual - art. 133.

5.3.2. Substituições decorrentes da inexecução obrigacional quando da administração de bens de contribuinte ou responsável (artigos 134 e 135)

Nos casos de substituições decorrentes de impossibilidade de exigência do cumprimento da obrigação, quando da administração por terceiros dos bens de outras pessoas que deveriam figurar como sujeitos passivos, casos tais em que se verifica a impossibilidade de realização do crédito tributário de parte do contribuinte ou do responsável, são responsabilizados *solidariamente* (art. 134):

a) os pais;

b) os tutores ou curadores;

c) os administradores de bens de terceiros;

d) o inventariante;

e) o síndico da massa falida;
f) o comissário da concordata;
g) os tabeliães, escrivães e serventuários de ofício; e,
h) os sócios da sociedade de pessoas liquidada.

Por outro lado, são responsáveis por débitos tributários, *individualizadamente* (*pessoalmente*, segundo o CTN), resultantes de atos ilícitos cometidos quando administrem bens de contribuinte ou de responsável (e quando seus atos forem praticados com excesso de poderes ou infração da lei, contrato ou estatutos), os seguintes substitutos (art. 135):

a) os pais, os tutores, os curadores, os administradores de bens de terceiros, o inventariante, o síndico da falência, o comissário da concordata, os tabeliães, os escrivães os serventuários de ofício e o sócios da firma liquidada (todos os que também comparecem no art. 134);

b) os mandatários, prepostos e empregados (art. 135);

c) os diretores, gerentes ou representantes de pessoas jurídicas de direito privado (art. 135).

Na parte 7 deste livro estaremos estudando com maiores detalhes cada uma das substituições acima apontadas.

6. Os modos da responsabilidade tributária; as formas de sujeição passiva

Antes de refletirmos sobre as modalidades por que se apresenta a sujeição passiva, convém que se alerte para a exclusividade da condição de relacionamento *pessoal* da obrigação tributária.

O vínculo jurídico obrigacional - e assim também o tributário - sempre se estabelecerá entre pessoas: de um lado um ou mais sujeitos passivos, privados ou públicos, devedores da prestação; de outro, como sujeito ativo, a pessoa jurídica competente para a imposição, o Estado credor, nas suas variadas faces: União, Estados, Distrito Federal, Municípios, autarquias, fundações, etc.

Às vezes o CTN agride a lógica ao dispor que certos sujeitos passivos são "pessoalmente" responsáveis (como são exemplos os artigos 131 e 135) como se a obrigação tributária comportasse outro vínculo que não o pessoal. Em tais casos, entretanto, o que o Código quer dizer é que tais sujeitos passivos são "individualmente" ou, quiçá, melhor, "individualizadamente", responsáveis.

As obrigações tributárias são, portanto, como todas as obrigações (civis, comerciais), sempre *pessoais*.

Naturalmente que o vínculo "pessoal" não se estabelece para criar um liame *físico* do devedor para com o credor, refletindo-se, por óbvio, sobre o patrimônio do primeiro, até porque a Constituição Federal rejeita o vínculo físico em seu art. 5º, LXVII, com as exceções, certamente em extinção, das prisões civis por inadimplemento de obrigação alimentar e por depósitário infiel.

Por outro lado, comportando classificação semelhante àquela das obrigações civis ou comerciais, as obrigações tributárias podem ser:

- "dar" (*dare*), as mais freqüentes, com o sentido de "quitar" tributo ou penalidade, quer em pecúnia, quer por outra forma legalmente consentida;
- "fazer" (*facere*), presentes nas obrigações tributárias acessórias comissivas, aquelas que não compreendem pagamento em dinheiro (como, por exemplo, a obrigação de emitir nota fiscal ou de apresentar uma DCTF, ou GIA, ou declaração de imposto de renda);
- "não fazer" (*non facere*), presentes nas acessórias omissivas, como, por exemplo, a obrigação de não embaraçar a fiscalização; e,
- "tolerar" (*tolerare*), como aquelas que obrigam ao sujeito passivo a aceitar atos fiscais voltados a facilitar a administração das arrecadações.

Tais tipos de obrigações tributárias passivas - assim a responsabilidade dos obrigados - poderão se apresentar por três modalidades: a) *individuais (ou individualizadas)*; b) *solidárias*; e, c) um terceiro tipo, o das obrigações *subsidiárias*, que podem ser *subsidiárias individualizadas*, ou das *subsidiárias solidárias* (estas últimas que, à primeira vista, dão azo à locução aparentemente incongruente, mas que, como logo veremos, não o é).

6.1. Obrigações individuais ou individualizadas

Surge a *obrigação tributária individual ou individualizada* (freqüentemente tratadas como *pessoais* pelo Código Tributário Nacional) quando no lado passivo, como devedor, há tão-somente um indivíduo, seja pessoa jurídica ou física. É o caso, por exemplo, de quem sozinho importa determinada mercadoria, obrigado exclusivo pelo pagamento do correspondente Imposto de Importação.

No estudo das sujeições obrigacionais tributárias são importantes, especialmente, situações que se verifiquem no pólo passivo, eis que, no ativo, vamos encontrar sempre uma única figura: aquela versão do Estado que tem a competência para impor o tributo, ainda que tal pessoa de direito público seja resultante daquela substituição, no pólo ativo, de que nos fala o art. 120 do CTN ("Salvo disposição de lei em contrário, a pessoa jurídica de direito público, que se constituir pelo desmembramento territorial de outra, sub-roga-se nos direitos desta, cuja legislação tributária aplicará até que entre em vigor a sua própria").

A obrigação *individual ou individualizada* de pessoa física ou jurídica é a forma mais freqüente de responsabilidade pela satisfação de um crédito tributário. Normalmente o sujeito passivo, pessoa física ou jurídica, age isoladamente nas circunstâncias que levam ao surgimento do fato gerador.

Por sobre ele, e tão-somente por sobre ele - quer na qualidade de contribuinte, quer na de responsável - recairá o dever jurídico da satisfação da prestação, seja ela principal ou acessória (nos termos do art. 113 do CTN).

6.2. Obrigações solidárias

Nas *obrigações tributárias solidárias* serão sempre duas ou mais as pessoas devendo *in solido*, isto é, cada uma responsável pela dívida toda.

Assim, quando no pólo passivo da obrigação tributária surge mais de uma pessoa (físicas ou jurídicas), todas elas vinculadas à mesma prestação pelo mesmo vínculo jurídico, e o credor pode exigir o *quantum* de cada uma delas, estamos frente ao instituto jurídico da *solidariedade tributária*. Exemplo clássico é aquele em que várias pessoas são co-proprietárias de um mesmo imóvel urbano, obrigadas, cada qual, a pagar o mesmo IPTU, como se fosse dívida exclusivamente sua.

Embora a solidariedade tributária se apresente apenas no pólo passivo da obrigação (já que no ativo sempre estará uma versão do Estado instituidor do tributo), sua definição parte do conceito geral estabelecido no par. único do art. 896 do Código Civil: "Há solidariedade, quando na mesma obrigação concorre mais de um credor, ou mais de um devedor, cada um com direito, ou obrigação à dívida toda".

A solidariedade tributária está principalmente contida nos artigos 124 e 125 do CTN, mas com reflexos em vários outros comandos, quer do próprio Código, quer da legislação ordinária esparsa.

No âmbito civil, a solidariedade não se presume, deverá decorrer da lei expressa ou da vontade das partes (art. 896, Código Civil).

A situação não é a mesma no Direito Tributário. Neste, toda a solidariedade decorrerá da lei (com raras ocorrências *convencionais*, como, p. ex., quando o Fisco pode exigir o pagamento de fiança bancária de principal pagador, prestada, contratualmente, para garantir a obrigação de contribuinte). Mas não haverá necessidade de ser "lei expressa".

Ainda que não haja norma expressa pela instalação da solidariedade e diversas pessoas se obriguem em comum ao pagamento de uma prestação que normalmente seria divisível, em caso de dúvida, serão elas consideradas como devedoras solidárias. É idéia que resulta do entendimento do art. 124, I, do CTN, e que, naturalmente, parte da necessidade de se dar maior segurança à arrecadação, sabidamente de alta finalidade social e porque, também, na prática, é a situação que melhor atenderá a tutela do crédito público.

Assim pensa o doutrinador italiano Benedeto Cocivera quando afirma:

> "A obrigação tributária solidária também tem por função reforçar o crédito tributário, tornando mais rápida e expedita a arrecadação do tributo. O poder outorgado ao ente público para exigir de um só dos devedores o pagamento da dívida tributária, que recai sobre os outros co-obrigados, sem prejuízo algum, em caso de execução insuficiente, não só reforça o crédito, como também permite ao ente público - que, como foi dito, não pode esperar - arrecadar com maior facilidade seus créditos tributários." (*in Efeitos Substanciais e Processuais da Solidariedade na Dívida Tributária*, na tradução de Antônio Antunes de Barros Sobrinho para a Rev. de Direito Tributário nº 4, p. 24).

Assumida a presunção de solidariedade (que, como veremos, afinal resulta da lei), sempre se encontrará, entre os diversos devedores, um, a solver a prestação tributária. Assim, os devedores serão tidos responsáveis *in solido* se da lei tributária expressamente não resultar diferente. O CTN, desta forma, segue a moderna tendência da presunção da solidariedade (assim é nas legislações italiana e germânica), estabelecendo ser, tal presunção, *juris et de jure*, de modo a inadmitir qualquer prova em contrário.

É, por sinal, o pensamento de Bernardo Ribeiro de Moraes (*in Compêndio de Direito Tributário*, 2º vol., ed. Forense, 1994, p. 303):

> "(...). Mesmo inexistindo lei que disponha em contrário, todas as pessoas envolvidas no pressuposto de fato que dá origem à obrigação tributária são devedores da prestação. Assim, *no direito tributário não vige a regra de que a solidariedade não se presume.*

No direito tributário toda a dívida que alcança duas ou mais pessoas é solidária, salvo disposição de lei em contrário. A regra que predomina na obrigação tributária, em relação à solidariedade, é inversa: *presume-se solidariedade, caso a lei silencie.* (...)" [Grifamos]

6.2.1. A solidariedade legal presumida (art. 124, I) e a solidariedade legal expressa (art. 124, II)

O Código Tributário Nacional explicita as situações de solidariedade em seu art. 124. Assim:

"Art. 124. São solidariamente obrigadas:
I - as pessoas que tenham interesse comum na situação que constitua o fato gerador da obrigação principal;
II - as pessoas expressamente designadas em lei."

Destarte, quando duas ou mais pessoas estiverem ligadas por interesse comum e vinculadas por qualquer forma de interesse econômico ao fato gerador (e o fato gerador sempre tem substrato econômico), haverá solidariedade legal *presumida* (art. 124, I).

Se as pessoas não tiverem o mesmo interesse comum, só poderão ser solidárias numa mesma obrigação tributária se a lei assim o quiser (art. 124, II). Será a solidariedade legal *expressa.* Mas, ainda neste caso, há um requisito a ser observado: os devedores solidários *por lei* deverão ter vínculo obrigatório com o fato gerador, como é do art. 128 do CTN ("... a lei pode atribuir de modo expresso a responsabilidade pelo crédito tributário a terceira pessoa, vinculada ao fato gerador da respectiva obrigação ...").

Assim, a lei não poderá estabelecer responsabilidade solidária a quaisquer devedores. Há que estarem, todos eles, vinculados de alguma forma à hipótese de incidência que levou à tributação.

Destarte, levando em conta o princípio de que no Direito Tributário a solidariedade é regra e, não, exceção; e que o art. 124, I do CTN diz serem *solidariamente obrigadas as pessoas que tenham interesse comum na situação que constitua o fato gerador*; efetivamente já não vemos como qualquer pessoa que, como diz o art. 128 do mesmo Código, esteja *vinculada ao fato gerador*, possa furtar-se à posição de devedora solidária principal.

Veja-se que o referido art. 124 não assume que são solidariamente obrigadas apenas, como diz seu inciso II, *as pessoas expressamente designadas por lei.* Vai mais longe ao conceituar como solidariamente obrigadas (como já se disse: no inciso I) aquelas *que tenham interesse comum na situação que constitua o fato gerador da obrigação principal.* Tal condição de solidariedade retira toda e qualquer possibilidade de que alguém, partícipe de um fato gerador qualquer (por exemplo, os sócios de uma empresa obrigada que, obviamente têm interesse comum na ocorrência do fato gerador), possa restar à margem do vínculo ou, no máximo, ser considerado meramente devedor auxiliar, devedor acessório, "de reforço", como é do conceito da *subsidiariedade.*

E mais, como o par. único, do mesmo art. 124 assevera que *a solidariedade referida neste artigo não comporta benefício de ordem*, mesmo levando em conta o equívoco doutrinário (eis que, ou a obrigação passiva coletiva comporta benefício de ordem, e não é solidária, ou o é, e não comporta o benefício de ordem, já que a solidariedade jamais produz a possibilidade do *beneficium excussionis*, sob pena de estabelecer sua própria inexistência) somos forçados a deduzir que, efetivamente, as pessoas que tiveram interesse comum na situação que constituiu o fato gerador e que dele tiraram o mesmo ou semelhante proveito econômico, devem ser devedoras principais da obrigação tributária, solidariamente com aquelas que "produziram" o mesmo fato gerador.

A RESPONSABILIDADE TRIBUTÁRIA

Assim, se uma empresa por haver importado determinadas mercadorias, deve Imposto de Importação, desde logo são contribuintes e devedores principais solidários seus sócios. A inadimplência do tributo deve ser cobrada *in solido* da empresa e daqueles participantes, ainda que não hajam praticado atos ilícitos a eles imputáveis, como quer, por outra razão, o art. 135 do CTN (e também por não estarem na situação de sócios no caso de liquidação de sociedade de pessoas, como é do art. 134, VII do mesmo Código).

A responsabilidade solidária é, *in casu*, objetiva, presumida. A mera vinculação da pessoa ao fato gerador no qual tinha interesse econômico produz, desde logo, a sujeição passiva por solidariedade.

Naturalmente se há de encontrar o *link* que reúna os interesses dos participantes de um mesmo fato gerador. Todos eles deverão ter aquele "interesse comum", naturalmente econômico, na ocorrência da hipótese de incidência.

Se as pessoas estiverem em pólos conflitantes, com interesses econômicos diferentes, embora participando do mesmo fato gerador, não haverá, por óbvio, solidariedade.

Paulo Barros de Carvalho (*in Direito Tributário*, 2ª ed. Saraiva/ABDR, 1999, p. 155) alerta:

> "A diretriz do 'interesse comum' dos participantes na realização do evento, sobre ser vaga, não é roteiro seguro para a indicação do nexo que se estabelece entre os devedores da prestação tributária. Basta imaginar que tanto o prestador quanto o tomador do serviços, em se tratando do ISSQN, estão interessados na concretização da ocorrência, mesmo porque, não fora assim, e o acontecimento não se daria. Todavia, nem por isso, ousaríamos proclamar o absurdo de que ambos seriam devedores solidários. Da mesma forma no ICMS, no IPI e em muitas outras exações do nosso sistema."

O eminente tributarista tem razão, mas entendemos que não se terá apercebido do ponto fulcral da questão. Este sem dúvida reside no interesse econômico (ou econômico-financeiro) que as partes envolvidas terão no desenrolar do fato, também econômico, que se tornou fato gerador do tributo. O interesse comum econômico é, portanto, roteiro seguro para a indicação do nexo pelo qual se estabelece a solidariedade.

Pertinente, entretanto, o exemplo citado pelo doutrinador acima no caso do ISSQN. Não há, entre os envolvidos, interesse econômico, embora não se possa negar o interesse pelo serviço a ser prestado. O tomador do serviço quer, naturalmente, pagar o menor preço possível, e o prestador desejará o maior que puder conseguir. Embora envolvidos todos no mesmo fato gerador, não se vislumbra o interesse comum econômico dos participantes no evento, donde impossível a solidariedade.

A situação configurada na lei (art. 124, I) é aquela em que todos os envolvidos ganham simultaneamente com o fato econômico tornado fato gerador pela lei tributária; aquela em que todos os envolvidos estão do mesmo lado, pretendendo o maior benefício possível do mesmo referido fato econômico.

No exemplo que vimos citando - o dos sócios que participam da lucratividade de uma empresa obrigada - todos os envolvidos (sócios e empresa) têm interesse comum nos resultados econômicos do fato gerador; todos se beneficiam com o rédito dele; donde a solidariedade presumida que se estabelece entre eles para a satisfação do tributo ou contribuição resultante.

Há uma certa insistência em chamar-se de *solidariedade de fato* a solidariedade presumida derivada da aplicação do art. 124, I, do CTN.

Não vemos o por quê. Se é dos dizeres da própria lei complementar que deriva a situação de *debitum in solido*, constatados a vinculação e o interesse comum das pessoas envolvidas no mesmo fato gerador - fato, em princípio econômico, do qual todos tiram vantagens - então não se vê razão para negar que tal solidariedade derive "de lei".

O posicionamento que assumimos, entretanto, é controvertido. Há doutrinadores a entender que o art. 124, I, veio para consolidar solidariedade preexistente entre os devedores, ou seja, aquela solidariedade que já se estabelecera entre eles antes da ocorrência do fato gerador. Assim, duas pessoas que já fossem co-proprie-tárias de um mesmo imóvel seriam consideradas solidá-rias, quanto à dívida relativa ao prédio ou terreno urbano, pela satisfação do IPTU incidente.

Parece-nos que a disposição do art. 124, I, seria desnecessária se houvesse vindo somente para explicitar solidariedades civis preexistentes. Elas obviamente já estariam definidas sem a necessidade de nova manifes-tação legal.

O que estabelece a solidariedade tributária entre pessoas que têm o mesmo interesse comum e econômico no fato gerador é, decididamente, a disposição que resulta do próprio comando do art. 124, I, desnecessária qualquer outra anterior, geralmente do âmbito civil.

Posiciona-se assim Luciano Amaro (*in* Direito Tri-butário Brasileiro, ed. Saraiva/ABDR, 1997, p. 295):

> "Anote-se, em primeiro lugar, que, se os casos de 'interesse comum' precisassem ser explicitados em lei, como disse Aliomar Baleeiro, o item I do art. 124 seria inútil, pois as hipóteses todas já estariam na disciplina posta no item II. Nos casos que enqua-drarem no questionado item I a solidariedade pas-siva decorre desse próprio dispositivo, sendo des-necessário que a lei de incidência o reitere. (...)
> Sabendo-se que a eleição de terceiro como respon-sável supõe que ele seja 'vinculado' ao fato gerador (art. 128), é preciso distinguir, de um lado, as situa-

ções em que a responsabilidade do terceiro deriva do fato de ele ter 'interesse comum' no fato gerador (o que dispensa previsão na lei instituidora do tributo) e, de outro, as situações em que o terceiro tenha 'algum outro interesse' (melhor se diria, as situações com as quais ele tenha algum 'vínculo') em razão do qual possa ser eleito como responsável. Neste segundo caso é que a responsabilidade solidária do terceiro dependerá de a lei expressamente a estabelecer."

As dificuldades encontradas por boa parte dos doutrinadores passam, naturalmente, pelo entendimento do que seja "interesse comum".

Para nós, há interesse comum quando todos os envolvidos esperam tirar algum proveito do fato econômico que se tornou, por imposição legal tributária, fato gerador.

Assim, os sócios têm, por exemplo, *interesse comum* no faturamento da empresa que passa a dever à União, em função dele, IPI ou COFINS. A lucratividade da empresa derivará do referido faturamento e, naturalmente, os sócios haverão de participar dela. E não quer dizer que, em não havendo lucros, deixe de existir o *interesse comum*. Basta a expectativa de lucratividade com o faturamento referido - afinal, razão maior de um empreendimento - para que se faça presente o requisito estabelecedor da solidariedade.

Por óbvio e com base no art. 124, II, a lei "expressamente" definirá situação de solidariedade entre sujeitos passivos quaisquer, mas, não o poderá fazer, olvidando que devem estar, todos eles, de alguma forma em vinculação com o fato gerador, como quer o art. 128 do CTN.

Interessante conforto ao nosso pensar encontramos em artigo de Carlos Jorge Sampaio Costa na Rev. de Direito Tributário nº 4, p. 303. Citando, inclusive o doutrinador Fábio Fanuchi, diz o articulista:

"Não se diga que deva a lei ordinária prever a solidariedade expressamente a cada momento. Tal está dito, apenas como um dos casos de solidariedade, no nº II do artigo citado acima [refere-se ao art. 124 do CTN]. O nº I *exige apenas o interesse comum na situação que constitua o fato gerador*. Este é, aliás, o pensamento de Fábio Fanuchi ao comentar o artigo em foco:

'Quanto à última espécie de solidariedade (a do nº II), nenhum problema existirá na verificação de sua existência. A lei mencionará expressamente sua extensão.

Na verificação da solidariedade de fato, entretanto, não é possível que se cometam excessos, tentando envolver a responsabilidade de terceiros numa relação obrigacional tributária de cujo fato gerador não se tenham beneficiado ou, nele tenham interesse comum ao do sujeito passivo. É possível que a lei crie a solidariedade do transmitente, do tabelião e do oficial de registro de imóveis, por exemplo, face ao imposto de transmissão de uma operação na qual estejam envolvidos, porém, se não o fizer de forma expressa, é impossível sob a alegação de solidariedade de fato, trazê-los para dentro da relação tributária, quando se verifica que nenhuma dessas pessoas tem interesse igual ao do adquirente do imóvel, erigido em contribuinte pela lei. *Entretanto, havendo lucro numa dada transação comercial tributável, que beneficia a mais de uma pessoa natural, embora elas não estejam relacionadas entre si por constituição jurídica (sociedade de direito), ainda assim responderão por igual pela obrigação tributária daí nascida, como se de direito a sociedade fosse. Aí sim, os interesses das diversas pessoas seriam absolutamente idênticos'"* (cf. *Curso de Direito Tributário*, vol 3, p. 249 e 250 - grifos do articulista.)

Embora a conclusão seja no rumo que esposamos a propósito da solidariedade de fato, pensamos que no exemplo acima comete Fanuchi um equívoco. Para nós e dentro do pensar expresso, não propomos qualquer óbice à exclusão do tabelião ou do oficial do registro de imóveis, mas a nosso juízo o transmitente do imóvel tem interesse comum, juntamente com o adquirente, no fato gerador - a transmissão - auferindo, ambos, resultados econômicos com o evento. Destarte, não se vê porque ausentar da solidariedade o referido transmitente, como sugere o doutrinador.

6.2.2. Efeitos da solidariedade (art. 125)

Os efeitos da solidariedade estão no art. 125 do CTN. Assim:

"Art. 125. Salvo disposição da lei em contrário, são os seguintes os efeitos da solidariedade:
I - o pagamento efetuado por um dos obrigados aproveita aos demais;
II - a isenção ou remissão de crédito exonera todos os obrigados, salvo se outorgada pessoalmente a um deles, subsistindo, nesse caso a solidariedade quanto aos demais pelo saldo;
III - a interrupção da prescrição, em favor ou contra um dos obrigados, favorece ou prejudica os demais."

Evidentemente os efeitos da solidariedade derivam da doutrina civil com as devidas adaptações ao direito tributário.

Resulta do inciso I que, se todos devem *in solido*, o pagamento feito por um dos devedores há de aproveitar todos, isto é, libera todos da exigência estatal. Isto, naturalmente, em relação ao credor porque, entre os antes co-obrigados, permanecerá a regra de que se um paga, pode receber o que pagou dos demais, rateando-lhes o total pago, reduzido da própria parcela que devia

A RESPONSABILIDADE TRIBUTÁRIA

e quitou. Na repetição alvitrada, a solidariedade desaparece. Há uma atomização do valor a ser repetido, e os demais co-devedores só poderão ser acionados pelo valor proporcional à sua parcela na dívida paga ao Estado.

O inciso II do art. 125 começa praticamente repetindo a regra do inciso anterior no que diz respeito às anistias e às remissões.

Se o credor decide legalmente pela exclusão da exigibilidade do crédito tributário através da anistia ou se ocorre a extinção dela pela remissão, então, será regra geral, tanto quanto a do inciso I, que as liberações aproveitarão a todos os envolvidos.

Entretanto, o credor estatal pode decidir que a anistia, ou a remissão, se há de dar apenas quanto a um ou a alguns dos participantes da obrigação passiva solidária. Neste caso, só poderá cobrar dos demais, não liberados, valores descontados de quanto anistiou ou remitiu. É que o credor não pode, por ato seu, agravar o *quantum* que cada um devia no total, embora a circunstância da solidariedade que envolvia o crédito. A solidariedade, depois da remissão ou anistia passadas em favor de um ou alguns dos co-obrigados, permanecerá, como diz a lei, quanto aos demais, pelo saldo.

O inciso III fala em interrupção da prescrição, dizendo que aquela ocorrida a respeito de um, vale para todos os co-obrigados.

O normativo tem especial interesse nas situações de solidariedade presumida, aquelas derivadas do art. 124, I, do CTN.

Se uma ou mais pessoas participam com interesse comum e econômico do mesmo fato gerador, estão em situação de solidariedade obrigacional tributária e, portanto, no caso de inadimplemento da prestação, pode, o credor estatal, acionar um, alguns ou todos os envolvidos.

Ora, é curial e derivado da própria conceituação de solidariedade que, verificada a prescrição da ação que se poderia mover contra um, estará a lide impossibilitada quanto a todos. Por outro lado, interrompida a prescrição, por qualquer forma, contra um ou alguns dos co-obrigados, todos dela se beneficiarão. Temos insistido que os sócios estão envolvidos com interesses comuns econômicos no fato gerador das empresas das quais participem e que, portanto, são devedores solidários dos tributos devidos por elas. Em tais casos, por exemplo, todos os incidentes com a exigibilidade (suspensão, exclusão, extinção, etc.) verificados em razão da empresa, aproveitam aos sócios. Por outro lado, todas as ocorrências que prejudiquem a empresa se refletirão na responsabilidade dos referidos co-obrigados (sócios).

6.3. Obrigações subsidiárias

As *obrigações tributárias subsidiárias* são aquelas decididas por lei, em que a sujeição passiva só assume papel de evidência, e os devedores são chamados pelo Estado-credor a satisfazer o *debitum*, depois que se frustrou o recebimento do devedor principal (*contribuinte* ou *responsável*).

Nas obrigações *subsidiárias*, o pólo passivo estará preenchido, não só pelo sujeito passivo principal, mas, também, por uma ou mais pessoas, físicas ou jurídicas, que a lei expressamente designa para a posição de responsabilidade auxiliar, supletiva, ou "de reforço", produtoras que sejam, ou não, do fato gerador, mas que tiveram algum vínculo com o referido fato (como é do art. 128).

O devedor *subsidiário* fica numa situação de espera. Enquanto se estiver a excutir os bens do sujeito passivo principal, não participará ele da execução. O Estado só poderá fazer-lhe exigências se não conseguir receber a totalidade de seu crédito do devedor principal, *contribuinte* ou *responsável* (ou seus substitutos).

O devedor tributário subsidiário tem direito ao *benefício de ordem* ou *benefício de excussão* (*exceptio excussionis*) e, assim, se demandado e desde que o faça até a apresentação dos embargos de devedor, tem direito de exigir que sejam excutidos, primeiramente, os bens do devedor principal, inclusive indicando-os, *quantum satis*, caso necessário.

O devedor subsidiário, tanto quanto o contribuinte ou o responsável, pode vir a ter substituto, nos termos da legislação tributária. Assim, por exemplo, poderá se tornar sujeito passivo subsidiário, em substituição ao *de cujus*, o espólio ou seus herdeiros (art. 131, CTN); também os sócios poderão substituir sociedade de pessoas extinta por liquidação, que, antes do desaparecimento, estava na posição de sujeito passivo subsidiário de uma obrigação tributária (art. 134, VII).

A Lei de Execuções Fiscais, quando, em seu art. 2º, § 5º, cuida do Termo de Inscrição de Dívida Ativa, determina que dele constem os nomes do devedor e os dos "co-responsáveis" (§ 5º. O Termo de Inscrição de Dívida Ativa deverá conter: I - o nome do devedor, dos co-responsáveis ...”), significando que serão anotados no referido "Termo" também os devedores solidários e os subsidiários, neste último caso, tanto os individuais como os coletivos.

E o art. 4º da mesma Lei de Execuções ("Art. 4º. A execução fiscal poderá ser promovida contra: ... V - o responsável, nos termos da lei, por dívidas tributárias ...”) permite a execução fiscal contra o devedor *subsidiário*, porque ele também é responsável, nos termos da lei, por dívidas tributárias de pessoas físicas ou pessoas jurídicas de direito privado, embora em situação supletiva.

Já o § 3º do mesmo art. 4º da LEF peca por confundir conceitos. Ao dizer que "os bens dos responsáveis ficarão, porém, sujeitos à execução, se os do devedor forem insuficientes à satisfação da dívida" torna inseguro de que *responsáveis* trata. Naturalmente não poderá se tratar daquele *responsável* referido no inciso II do art. 121, porque este deve dívida própria, dívida "sua" e está em posição principal como devedor ante o Estado-credor, já que assim o terá definido a lei (é o caso, por exemplo, da empresa que retém Imposto de Renda na Fonte de seus empregados). Também não poderá estar-se referindo aos obrigados substitutos, aqueles que assumiram a responsabilidade pelo pagamento do débito tributário "depois" da saída do devedor originário da cena obrigacional (como será o caso do herdeiro, que substitui o *de cujus*).

Assim, certamente os *responsáveis* do referido § 3º do art. 4º da LEF são os devedores *subsidiários*, os únicos capazes de poder exigir o *benefício de excussão* mencionado em seu texto. A mesma norma é, também, a que permite o chamado "redirecionamento" da execução para os devedores subsidiários, quando, inexistentes, não localizados, ou, insuficientes, os bens do devedor principal necessários à satisfação integral do *debitum*.

Em razão do que já expusemos quando falamos das obrigações solidárias, face às disposições do art. 124, I do CTN, temos que será necessário o exame cuidadoso da situação fática para se estabelecer a presença de um devedor subsidiário na relação jurídico-obrigacional tributária.

A nós se nos parece que, havendo mais de uma pessoa participado do fato gerador (art. 128) e tirado dele vantagens econômicas, têm elas todas as condições para ser *devedoras solidárias*, a rigor do já citado art. 124, I, e, assim, não podem ser declaradas, meramente, *responsáveis subsidiárias*.

Por isso, voltando ao exemplo dos sócios da empresa responsável pelo pagamento de um tributo impago, estamos que a execução fiscal deveria ser, de imediato, voltada contra a empresa e aqueles seus participantes, eis que não podem ser, estes, entendidos como meros devedores *subsidiários*. Havendo tirado todos eles proveito econômico do fato gerador em que, por óbvio, participaram como sócios da empresa, são eles devedores *solidários* e, portanto, cabe ao Estado-credor exeqüente decidir, no processo executivo, pela citação da própria empresa e/ou de um ou mais sócios, senão de todos os devedores solidários (empresa e sócios). A seu talante, naturalmente, como é da essência da solidariedade.

O afirmado certamente não encontrará óbice no disposto no art. 4º, § 3º, da Lei nº 6.830/80, LEF ("Art. 4º. A execução fiscal poderá ser promovida contra: ... § 3º. Os responsáveis, inclusive as pessoas indicadas no § 1º deste artigo, poderão nomear bens livres e desembaraçados do devedor, tantos quantos bastem para pagar a dívida. Os bens dos responsáveis ficarão, porém, sujeitos à execução, se os do devedor forem insuficientes à satisfação da dívida."), sugerindo uma situação de subsidiariedade, porque: a) a menção não é expressa aos casos de sócios; e, b) ainda que o fosse, sua validade seria contestável porque a Lei de Execuções Fiscais, de hierarquia inferior, não poderia se opor à uma solidariedade imposta em lei considerada complementar, como o é o CTN.

Quiçá pareça estranha a posição tomada, quando se raciocine situação em que pequenos acionistas, ou sócios-quotistas, estejam a participar, por exemplo, de uma grande empresa de capital aberto ou firma de grande porte. Aí, poderá aparentar que seria uma clara injustiça responsabilizar-se tais pequenos sócios solidariamente por valores - presumivelmente vultosos - impagos ao Estado-credor, eles que, muitas vezes, fora o direito de participar de assembléias, não têm ingerência na administração e, portanto, nas decisões de práticas de ilícitos fiscais, de sonegação ou evasão de receitas tributárias.

Evidentemente a questão não apresenta cunho lógico. Todos os sócios estão responsabilizados, e, quem venha a participar de empresa, onde o interesse pelos seus lucros será o objetivo maior, não pode se eximir da responsabilização pela inexecução obrigacional de recolhimento dos tributos É a regra do art. 124, I, do CTN, impossível de ser excepcionada.

Naturalmente o Estado, ao exigir a cobrança dos responsáveis solidários (empresa e todos os sócios), há de ter em conta - porque lhe será mais conveniente - executar somente aqueles que melhor possam atender, face à grandeza de seus patrimônios, a obrigação exigida. E, em tais situações, geralmente hão de estar os administradores da empresa, os sócios majoritários do capital social ou aqueles que apresentem situação patrimonial capaz de facilitar a realização do crédito estatal.

Não se diga que nossas leis societárias dificultam o entendimento. Na verdade elas chegam a trazer especial responsabilização para os sócios-gerentes, diretores e administradores (até mesmo para os que muitas vezes não são sócios).

Assim, por força do art. 10 do Decreto nº 3.708, de 10.01.1919, aquele que regula a constituição de sociedades por quotas de responsabilidade limitada,

"os sócios-gerentes ou que derem o nome à firma não respondem pessoalmente pelas obrigações contraídas em nome da sociedade, mas respondem para com esta e *para com terceiros, solidária e ilimitadamente*, pelo excesso de mandato e *pelos atos praticados com violação* de contrato ou *da lei*" [Grifamos]

Serão, por óbvio, *atos praticados com violação da lei* aqueles pelos quais a empresa de responsabilidade limitada deixe de pagar seus tributos.

A RESPONSABILIDADE TRIBUTÁRIA

Em tal situação, os sócios-gerentes dessas empresas, já responsáveis solidários por força do art. 124, I, do CTN, têm sua carga reafirmada no referido Decreto e, portanto, podem ser executados pelo Estado antes ou conjuntamente com a firma pela inadimplência verificada.

Em situação idêntica estão os administradores, diretores ou conselheiros das sociedades anônimas. Se forem sócios, além da responsabilidade solidária provinda do art. 124, I, do CTN, ainda terão a carga reforçada pelos artigos 145 e 158, II, da Lei nº 6.404, de 15.12.76. Se não o forem, ainda assim a responsabilização pelos tributos impagos lhes há de resultar, solidariamente com a empresa, pelos mesmos dispositivos da referida lei societária, *verbis*:

"Art. 145. As normas relativas a requisitos, investidura, remuneração, deveres e *responsabilidades dos administradores aplicam-se a conselheiros e diretores*" [Grifamos].

"Art. 158. O administrador não é pessoalmente responsável pelas obrigações que contrair em nome da sociedade em virtude de ato regular de gestão; *responde, porém, civilmente, pelos prejuízos que causar, quando proceder:*
I - (...)
II - *com violação da lei* ou contrato;
(...)" [Grifamos].

Dessarte, os administradores, diretores e conselheiros de sociedades anônimas - sócios ou não - quando deixem de pagar tributos exigíveis, estarão na posição de terem de responder solidariamente com a empresa por eles. E solidariamente, porque aquele "civilmente" do *caput* do art. 158 da Leis das SAs remete ao capítulo da responsabilização por atos ilícitos do Código Civil Brasileiro, em especial aos seus artigos 1.518 (e seu parágrafo único); 1.521, III; e 1.522, que explicitam a referida solidariedade.

Mas voltemos às responsabilidades subsidiárias.

A posição *subsidiária* tanto pode ser ocupada por uma única pessoa, em obrigação individualizada, como por várias, quer em situação de atomização da responsabilidade, quer em solidariedade passiva. Neste último caso, o credor poderá chamar qualquer um dos devedores *subsidiários* solidários, alguns, ou todos eles. É a *subsidiariedade solidária* de que seguidamente nos ocuparemos.

Não se perceba nas obrigações tidas como *subsidiárias solidárias* uma contradição, desde que pareça incongruente a possibilidade de ser uma obrigação ao mesmo tempo solidária e subsidiária.

A incongruência é meramente aparente. Num determinado momento da sujeição passiva originária, isto é, daquela sujeição que permite ao Estado cobrar o *debitum* do figurante principal da obrigação (contribuinte ou responsável), não há mesmo possibilidade de que, em havendo mais de um sujeito no mesmo pólo passivo da relação jurídico-tributária, as pessoas assim colocadas possam ser ao mesmo tempo solidárias e subsidiárias. Serão sempre *solidárias*. Tal situação decorrerá ou de lei expressa (art. 124, II) ou de situação de fato onde tais pessoas, partícipes todas elas do mesmo fato gerador, tiraram dele idênticas vantagens econômicas (art. 124, I, c/c art. 128).

Entretanto, casos há em que o sujeito passivo plural está situado numa condição de reforçador, quase um garantidor da obrigação do contribuinte ou do responsável (ou de seus substitutos). Nessas situações, as pessoas (físicas ou jurídicas e, sempre mais de uma) assim colocadas pela lei, eis que estavam vinculadas ao mesmo fato gerador e participaram das vantagens econômicas dele, são chamadas a uma obrigação *subsidiária* que será, ao mesmo tempo, uma obrigação *solidária*. Instala-se, então, a *subsidiariedade solidária*. Se por acaso frustrar-se a realização do crédito tributário na pessoa ou pessoas do *contribuinte* ou do *responsável* (ou ainda, de seus eventuais *substitutos*), então serão chamados - com obrigação solidária - as pessoas que estavam na posição coletiva de *subsidiários*.

Suponhamos, por exemplo, uma obrigação tributária que tenha como sujeito passivo *subsidiário* uma pessoa física proprietária de um imóvel. Por seu falecimento, será substituído por seus herdeiros, que, desde logo, ficarão em situação de *solidariedade* entre si, como coproprietários do referido imóvel, de modo a que, havendo necessidade, possam ser alcançados pelo credor-estatal conjuntamente, ou cada um *de per si*, e, neste caso, inclusive, cada um pela dívida toda. Mas não deixarão jamais a posição que mantinha o *de cujus* que era de devedor supletivo, "de reforço", enfim, *subsidiário*, conservando, por isso, tais herdeiros, o direito ao *beneficium excussionis*, quando tempestivamente o invoquem.

Mas é bom que se afirme: a *subsidiariedade* só se instala por expressa determinação legal. No silêncio da lei, a obrigação do sujeito passivo será sempre principal (contribuinte ou responsável) e, quando mais de uma pessoa estiver na condição de devedora, principal e solidária.

7. A responsabilidade tributária dos substitutos

A questão da *responsabilidade tributária* vem tratada no Livro Segundo do Código Tributário Nacional, justamente o que trata das "Normas Gerais de Direito Tributário". Aparece no seu Título II (Obrigação Tributária), Capítulo V, e se desenvolve entre os artigos 128 e 138. É justamente por integrar as referidas "Normas Gerais" que a *responsabilidade tributária* terminou por restar sob reserva constitucional, resultando que somente uma lei complementar, da mesma hierarquia do Código, pode pretender modificações e, diferentemente do já disposto no CTN, *estabelecer normas gerais em matéria de legislação tributária*, como quer o art. 146, III, *b* da Constituição Federal. Aliás, o referido comando da Lei Maior (de 1988) certamente decorreu do exame das matérias contidas no Livro Segundo do Código Tributário Nacional (de 1966), eis que discorre os assuntos relembrando os que estão postos na lei complementar: primeiro, fala em "normas gerais", depois, em fato gerador, base de cálculo, contribuintes (no sentido de sujeito passivo em geral), obrigação tributária, lançamento, crédito tributário (destinado a referir todas as normas contidas no Título III do Livro Segundo), prescrição e decadência (modalidades de extinção do crédito tributário distinguidas das demais - pagamento, compensação, transação, remissão, etc. - sem uma razão especial, eis que toda a matéria sobre a referida extinção também faz parte do "Título III - Crédito Tributário", já antes referido no texto constitucional e que, portanto, a incluiria).

Não vamos adiante, contudo, sem renovar o alerta de que o sentido do termo *responsabilidade* - e suas derivações - como já frisamos antes, não tem tratamento uniforme no CTN. Ora a acepção será de sujeito passivo, obrigado; ora de obrigação, dever; ora de sanção, penalidade.

7.1. As disposições gerais sobre "responsabilidade tributária" (art. 128)

"Art. 128. Sem prejuízo do disposto neste Capítulo, a lei pode atribuir de modo expresso a responsabilidade pelo crédito tributário a terceira pessoa, vinculada ao fato gerador da respectiva obrigação, excluindo a responsabilidade do contribuinte ou atribuindo-a a este em caráter supletivo do cumprimento total ou parcial da referida obrigação"

Esta norma (Seção I) vem no Código como "Disposição Geral", e a menção "sem prejuízo do disposto neste Capítulo" desde logo nos revela que, as ilações que se possam tirar do restante de suas disposições não podem elidir aqueles posicionamentos que se irão seguir nos demais artigos do mesmo Capítulo V do Código, normativos que, justamente, tratam, como já vimos, da "Responsabilidade Tributária".

A chamada tem o sentido de alertar-nos para o fato de que, embora nos artigos seguintes sempre se estabeleça um liame entre o Estado e sucessores de obrigados (artigos 129 a 133) ou entre o Estado e administradores ("terceiros" para o CTN) que gerenciem bens de outras pessoas, também obrigadas (artigos 134 e 135), para definir-se *responsabilidade, a lei pode atribuir de modo expresso a responsabilidade pelo crédito tributário a terceira pessoa* mesmo que esta não tenha qualquer afinidade com o contribuinte ou o responsável (este, nos termos do art. 121, II), ou seja, pessoa diversa que não lhes seja sucessor ou que não lhes administre bens.

Inobstante, fixa um requisito da maior importância: esta terceira pessoa diversa deve estar, de alguma forma, *vinculada ao fato gerador*.

A atribuição de responsabilidade pelo crédito tributário a uma terceira pessoa qualquer, não exatamente aquelas que mais adiante o Código define como *substitutos*, deriva de conveniência fiscal ou da necessidade de uma melhor administração da arrecadação. Assim, uma pessoa pode estar, desde que a lei assim o defina, na posição de *responsável* pelo crédito tributário. Mas não será qualquer pessoa: ou haverá este terceiro de ter certa *vinculação* com o fato gerador ou já a lei ordinária não poderá indicá-lo para a posição passiva da obrigação tributária ("Art. 128. ... a lei pode atribuir de modo expresso a responsabilidade pelo crédito tributário a terceira pessoa vinculada ao fato gerador da respectiva obrigação ...").

Naturalmente uma lei outra, complementar - de igual hierarquia que a do Código Tributário que registra a restrição - poderá fazer tal atribuição de responsabilidade tributária a qualquer pessoa, mesmo não-partícipe do fato gerador, no interesse da arrecadação. Mas tal circunstância será, obviamente, impossível sem que seja estabelecida por tal espécie superior de lei, face à reserva que se estabeleceu no art. 146 da Constituição Federal (Art. 146. Cabe à lei complementar: "... III - estabelecer normas gerais em matéria de legislação tributária ...". E é no âmbito das "normas gerais" - como podemos ver no Livro Segundo do CTN, sobre "Normas Gerais de Direito Tributário" - que vamos encontrar, no Título II, "Obrigação Tributária", as disposições sobre o tema em foco, restando impossíveis quaisquer mudanças sem prévia lei complementar).

Mas uma delegação à lei ordinária, para o estabelecimento de alguém na posição de *responsável*, por prevista no art. 128 do CTN, de modo algum fere a Constituição quando, como já vimos, determina a necessidade de lei complementar para estabelecer "normas gerais" tributárias, onde se incluiriam aquelas sobre *responsabilidade*. É que, a um, a atribuição será específica e, por isso, não alcançará a condição de "norma geral"; e, a dois, a atribuição estará, logicamente, contida nos estreitos parâmetros delineados pela norma delegante, isto é, a do art. 128 do CTN. Naturalmente eivada estará de inconstitucionalidade a lei ordinária em questão se a atribuição extravasar os expressos limites do comando complementar, como seria o caso, por exemplo, se tal norma atribuísse responsabilidade a pessoa que *não estava vinculada ao fato gerador*.

A lei ordinária assim derivada do art. 128 do CTN poderá, ao atribuir a responsabilidade a um terceiro qualquer, ligado ao fato gerador, excluir a responsabilidade do contribuinte ou atribuí-la a este em caráter supletivo do cumprimento total ou parcial da referida obrigação, com o que se estabelece *subsidiariedade*.

Este posicionamento não será correto para os casos em que o terceiro tenha tido interesse comum no fato gerador e que tenha buscado "vantagem econômica" na sua produção. Em nosso entendimento, a lei ordinária, ainda que contida nos estreitos limites do art. 128, não pode excluir a responsabilidade do contribuinte ou atribuir-lhe mero caráter de subsidiariedade em tais circunstâncias porque o art. 124, I (São solidariamente obrigadas: I - as pessoas que tenham interesse comum na situação que constitua o fato gerador da obrigação principal), assim não o permite. E, lembremos, o referido art. 124 é comando presente em lei complementar (CTN), que não pode ser ultrapassado por lei ordinária, ainda que pretensamente derivada, esta, do art. 128 da mesma lei complementar.

Assim, se a lei não for expressa pela subsidiariedade ou pela exclusão, deduzir-se-á a solidariedade, desde que, naturalmente, presentes os requisitos legais do interesse econômico comum e da vinculação ao fato gerador.

Destarte, não vemos como seja possível que a lei - salvo se, como frisamos, for complementar, da mesma hierarquia do Código - possa retirar a solidariedade principal de uma pessoa vinculada ao fato gerador e que nele tenha tido interesse econômico comum para, eventualmente, colocar tal sujeito passivo na situação de obrigado *subsidiário*. Por isso, a posição de tal devedor só se entende válida como *solidária*.

O mesmo já não se dará com a atribuição a terceiro que, embora vinculado ao fato gerador, nele não tenha buscado vantagem econômica, isto é, não tenha, juntamente com o contribuinte ou responsável, interesse econômico comum. Exemplifiquemos: se a uma empresa a lei atribui a responsabilidade de pagar imposto de renda em valor igual àquele que recolheu na fonte de seus empregados, estará ela, certamente, vinculada ao fato gerador do tributo (o recebimento de rendas ou proventos de qualquer natureza) - pois é justamente quem realiza os pagamentos dos salários tributáveis a seus empregados - mas será absurdo afirmar-se tenha ela "interesse comum econômico" na situação dos fatos geradores. Inobstante, a lei atribui-lhe a responsabilidade pelos créditos tributários em questão e ela passa à condição de sujeito passivo, pagando, a partir de então, a dívida como "sua"; como dívida própria. Aos antes "contribuintes", restará, senão a completa exclusão da *responsabilidade*, no máximo a atribuição dela em caráter supletivo, vale dizer, em caráter *subsidiário*, desde que a lei assim o defina. No seu silêncio, instala-se a solidariedade do art. 124, I.

O termo *responsabilidade*, no exemplo, estará entendido em duplo sentido: no de que o empregado da empresa (o que produziu o fato gerador) poderá não ser mais "obrigado" (não tem mais responsabilidade); e, fazendo homenagem à doutrina, também no de que não poderá sofrer sanções pelo inadimplemento eventual da empresa para com o Fisco. No caso de lhe haver sido atribuída por lei a *responsabilidade subsidiária*, ainda assim só a terá - após a invocação e utilização do *benefício de ordem* - pelo principal mais acréscimos reparatórios (juros, correção monetária), ficando excluída das sanções penais (multas penais).

De todo o exposto sobre a responsabilidade de qualquer "terceiro" (que, por isso, não seja o *contribuinte*, e, portanto, não haja produzido o fato gerador), podemos afirmar:

1º) será o terceiro devedor *individual* quando a lei assim o houver designado e tenha ele alguma participação no fato gerador (art. 121, II, c/c art. 128 do CTN);

2º) serão os terceiros devedores *solidários* quando: a) tiverem vínculo com o fato gerador e interesse comum e econômico na produção dele (art. 124, I, c/c art 128); e, b) ainda que sem interesse comum e econômico com o fato gerador, tiverem vínculo com este e sejam expressamente designados como responsáveis solidários, por lei (art. 124, II, c/c art. 128); e,

3º) será tal terceiro um devedor *subsidiário* quando somente mantiver vínculo com o fato gerador (sem interesse comum e econômico), e a lei expressamente lhe atribuir aquela condição de devedor supletivo, auxiliar ou "de reforço" (seja em situação individualizada, seja, se forem mais de um, em situações atomizadas, ou em solidariedade).

7.2. A "responsabilidade" dos sucessores (art. 129)

"Art. 129. O disposto nesta Seção aplica-se por igual aos créditos tributários definitivamente constituídos ou em curso de constituição à data nela referidos, e aos constituídos posteriormente aos mesmo atos, desde que relativos a obrigações tributárias surgidas até a referida data".

Ao dizer *o disposto nesta Seção aplica-se ...*, o normativo restringe sua órbita de influência às substituições por sucessão pois a Seção II a que se refere trata exclusivamente da "responsabilidade dos sucessores". Assim, não há como utilizarem-se as regras nele inseridas para os casos da Seções III (responsabilidade de terceiros) e IV (responsabilidade por infrações). Somente os substitutos *mortis causa* e os substitutos *inter vivos actorum causa* (que são os que contém a Seção II) podem sofrer a influência do dispositivo.

Para tais tipos de substitutos (sucessores), o comando faz equivaler para fins de sua aplicação:

- os créditos tributários definitivamente constituídos na data da sucessão;
- os créditos tributários em curso de constituição à data da sucessão;
- os créditos constituídos depois da sucessão, desde que relativos a obrigações tributárias surgidas até a data dela.

O art. 129 manda aplicar as normas dos artigos 130 a 133 a créditos definitivamente constituídos ou em curso de constituição às datas em que tem como ocorrida a substituição.

Em nosso entendimento, não há por que se falar em créditos tributários "definitivamente constituídos" porque estamos com aqueles que têm como constituído o referido crédito no momento da própria ocorrência do fato gerador. Assim, é tal ocorrência - fato econômico realizado por sobre o qual incidiu uma norma de imposição tributária - que, a nosso sentir, constitui o crédito tributário. O "lançamento" - que muitos têm como elemento constituidor - quando necessário (veja-se que nos casos de tributos sujeitos ao chamado "lançamento por homologação", na verdade não há necessidade de "lançamentos"), apenas "declara" o crédito tributário; não o "constitui". É, aliás, o resultado do princípio pelo qual só por lei se há de criar, modificar ou extinguir direito. E não será, por isso, crível, que um mero ato administrativo-fiscal (o lançamento) tenha tal poder.

Assim sendo, é nosso entendimento que será impossível que uma substituição venha a ocorrer "no curso da constituição do crédito tributário" eis que, verificada as hipótese de incidência, estará o crédito tributário aperfeiçoado, devidamente constituído.

Impossível, também, a hipótese seguinte, a de que as disposições se aplicariam aos créditos tributários "constituídos posteriormente" aos atos de sucessão porque é de se ver que, se de sucessão se trata, só pode ela ocorrer em casos de créditos tributários preexistentes, fruto de fatos geradores já ocorridos, e, portanto, de créditos tributários constituídos.

Destarte, todas as hipóteses previstas no CTN (artigos 130 a 133) encontrarão créditos tributários devidamente constituídos, podendo as normas ser aplicadas sem as elucubrações derivadas dos dizeres do inócuo art. 129.

Entretanto, sempre ainda haverá aqueles que ainda se mantêm apegados ao entendimento de que é o "lançamento" (art. 142), que constitui o crédito tributário.

Para estes, o art. 129 estará informando que a sucessão, no momento em que ocorra, aproveitará a situação em que se encontrava o crédito tributário quando a titularidade era do substituído.

Ainda aqui parece inócuo o dispositivo porque a sucessão é instituto que naturalmente carrega o ônus obrigacional da mesma forma que seria ele suportado pelo substituído, sem que para isso fosse preciso qualquer anúncio legal.

7.3. A responsabilidade por sucessão *mortis causa* (art. 131, II e III)

"Art. 131. São pessoalmente responsáveis:
I - (...)
II - o sucessor a qualquer título e o cônjuge meeiro, pelos tributos devidos pelo *de cujus* até a data da partilha ou adjudicação, limitada esta responsabilidade ao montante do quinhão, do legado ou da meação;
III - o espólio, pelos tributos devidos pelo *de cujus* até a data da abertura da sucessão."

Desde logo se alerte que a falta de registro do inciso I do artigo 131 ("o adquirente ou remitente, pelos tributos relativos aos bens adquiridos ou remidos") foi dispensada por não se tratar de caso de sucessão *causa mortis*. Sobre ele desenvolveremos quando tratarmos das sucessões decorrentes de atos *inter vivos*.

Quando se indica que a responsabilidade dos sucessores nomeados é *pessoal*, o normativo quer informar que a assunção de responsabilidade se dá com exclusividade do substituto no pólo passivo. Não há qualquer possibilidade de subsidiariedade ou de solidariedade dos substitutos com os substituídos, eis que estes últimos desapareceram da cena obrigacional.

A solidariedade, que em outros casos será possível, naqueles decorrentes de *mortis causa* é, entretanto, impossível face às disposições legais envolvidas. Sabemos que no Direito Tributário a solidariedade é a regra, e a individualização do débito (atomização dele entre os vários devedores), a exceção. Contudo, no caso da sucessão em estudo, justamente estamos frente a uma dessas raras exceções, como a seguir veremos.

O inciso II do art. 131 chama à responsabilidade:

a) um único herdeiro (legítimo ou testamentário), pelos tributos devidos pelo falecido até a data da adjudicação;

b) os vários herdeiros (também legítimos ou testamentários), pelos tributos devidos, pelo *de cujus* até seu falecimento, e pelo seu espólio, até a data da homologação judicial da partilha;

c) o cônjuge meeiro, pelos tributos devidos pelo *de cujus* até a data da partilha, nos casos de casamentos com comunhão universal ou parcial de bens; e,

d) o espólio, pelos mesmo tributos até a data da abertura da sucessão.

Destarte, no mesmo momento do falecimento do contribuinte ou do responsável, seu espólio o sucede nos débitos existentes por ocasião do evento (art. 131, III). O CTN refere que a responsabilidade pelas dívidas tributárias do espólio se restringirão àquelas existentes à "data da abertura da sucessão" que outra não é senão aquela do momento mesmo da morte do sucedido, como quer o art. 1.572 do Código Civil Brasileiro ("Aberta a sucessão, o domínio e a posse da herança transmitem-se, desde logo, aos herdeiros legítimos e testamentários"). A partir da partilha ou da adjudicação, a responsabilidade se transmite aos herdeiros, legatários ou cônjuge meeiro (art. 131, II).

7.3.1. A responsabilidade do espólio

A posição do espólio ante sua obrigação tributária é a de individualidade, muito embora possam muitos ser os herdeiros, pois estes estarão, até a partilha, representados pela indivisível comunhão universal de bens (art. 1.580 do Código Civil) que, mesmo sem ter uma personalidade jurídica, é admitida como sujeito passivo tributário. É que, para a capacidade tributária passiva, basta que se configure a existência de uma unidade econômica (art. 126, CTN), e o espólio nada mais é do que uma provisória universalidade de bens (*universitas rerum*) sujeita a direitos e obrigações (art. 57 do Código Civil).

A responsabilidade da herança pelos tributos devidos ao Estado na data da sucessão resiste até a partilha ou até a adjudicação, sejam os bens divididos entres os vários sucessores ou atribuídos a um único. A partir daí, já inexistente o espólio, a mesma responsabilidade passa a ser individualizadamente (atomizadamente), até o limite de seu próprio quinhão ou legado, dos vários ou do único herdeiro. Naturalmente às dívidas tributárias originadas ao tempo do *de cujus* se não liquidadas durante a existência do espólio, se somarão aquelas outras que se tenham originado ao tempo em que durou a indivisão da herança (antes da partilha ou da adjudicação), pois, como já se disse, o espólio é capaz de direitos e de obrigações, especialmente ante as imposições tributárias do Estado. Em tais situações, o herdeiro, legatário ou cônjuge meeiro sucedem não só nas dívidas deixadas pelo falecido mas, também, naquelas ocorridas após sua morte, ao tempo em que durou o espólio.

O espólio tem responsabilidade apenas dentro de suas próprias forças. Não será possível cobrar-lhe o Estado mais do que a soma dos valores dos bens deixados pelo devedor falecido. A lei estabelece, para a eventual sobra de débito, um claro caso de extinção de exigibilidade do crédito tributário não previsto nos vários incisos do art. 156 do Código Tributário.

Verdade que o inciso III do art. 131 não faz a mesma referência à limitação da responsabilidade que fez no inciso II (onde a responsabilidade dos sucessores é limitada "ao montante do quinhão, do legado ou da meação"). Mas será óbvio que tal limitação também se estenda ao espólio, pois não será crível que o legislador tenha beneficiado o herdeiro, legatário ou cônjuge meeiro, após a divisão, onerando-os enquanto não realizada pela partilha. E a situação fica mais evidente quando se tenha um único sucessor, quando fica mais fácil refletir-se sobre uma improvável diferenciação legal de limites de responsabilidade, para situações anteriores e posteriores à adjudicação.

7.3.2. A responsabilidade do cônjuge meeiro

O art. 131, II, estabelece que o cônjuge meeiro é *pessoalmente* responsável pelos tributos devidos pelo *de cujus* até a data da partilha ou adjudicação, limitada esta responsabilidade ao montante da meação.

Primeiramente aponte-se o equívoco do CTN quando dispôs sobre a responsabilidade tributária "pelos tributos devidos pelo *de cujus* até a partilha". A responsabilidade do falecido só poderá ter-se dado até sua morte, e não até a partilha. É óbvio que entre seu passamento e a partilha a responsabilização por débitos tributários será do espólio.

Mas é certo que o cônjuge meeiro será responsabilizado pelas dívidas do *de cujus* e por aquelas assumidas pelo espólio, entre as datas do óbito e da partilha por *sucessões sucessivas*.

A bem da verdade, não se poderia considerar o cônjuge meeiro como um *sucessor* do falecido, eis que a meação contém a idéia de direitos e deveres próprios.

Sua responsabilidade nos débitos do *de cujus* é limitada ao que receba a título de meação. A sobra de débito, se houver, não poderá ser exigida pelo Estado, e a dívida estará extinta.

Na verdade, o cônjuge meeiro não sucede exatamente ao *de cujus* senão que sucede ao espólio. Assim, se o espólio, durante sua existência, liquidou as dívidas tributárias do falecido, já não haverá pelo que se responsabilizar, por elas, o cônjuge meeiro.

O cônjuge meeiro será responsabilizado pelas dívidas tributárias do *de cujus*, quando não pagas pelo espólio, até as forças da sua meação, quando o regime do casamento tenha sido o universal ou parcial de bens. Durante o casamento, é de se entender que as dívidas eram conjuntas. Havia solidariedade entre os cônjuges até porque, com base no art. 124, I, do CTN, podemos estabelecer que a solidariedade se instala entre pessoas que tenham interesse comum e obtido vantagens econômicas nas situações que constituíram os fatos geradores. E não se dirá que um dos cônjuges, na constância do casamento, não tivesse tal interesse.

A solidariedade, entretanto, se desfaz com o desaparecimento de um dos cônjuges, e o sobrevivente passa, então, a dever somente o que sua meação comporte.

Também no caso em que o regime do casamento seja o da separação total de bens, estamos que, durante a constância do matrimônio, se estabelece, pelas mesmas razões, a solidariedade. Em casos tais, não se há de falar em meação porque no referido regime as pessoas mantêm, mesmo durante o matrimônio, seus próprios direitos e obrigações. Inobstante, quanto aos tributos, estamos que a solidariedade estabelecida durante a constância do casamento terá sido suficiente para transferir a dívida tributária ao cônjuge sobrevivente, porque este sucede o falecido nas obrigações que contrairam, antes do óbito, com o selo da solidariedade. Afastada estaria, contudo, tal responsabilidade tributária, se provado ficasse que o cônjuge sobrevivente, durante a constância do matrimônio, não teve aquele "interesse comum e econômico" nos fatos geradores dos tributos a serem exigidos.

Depois do advento da consolidação da chamada "união estável" no art. 226 da Constituição Federal de 1988, temos situação que, no âmbito da responsabilidade tributária, há de assemelhar-se àquelas resultantes do casamento sob o regime da comunhão parcial dos bens. Há longo tempo a situação já vinha tratada pela Súmula 380 do Supremo Tribunal Federal ("Comprovada a existência de sociedade de fato entre concubinos, é cabível a sua dissolução judicial, com a partilha do patrimônio adquirido pelo esforço comum"). Assim, todos o direitos e deveres adquiridos durante a união estável estarão transmitidos, por falecimento de um dos parceiros, aos herdeiros, por uma metade, e ao parceiro sobrevivente, pela outra.

No caso de dívidas tributárias ocorridas durante tal união serão elas havidas como solidárias entre os parceiros. Como, entretanto, a Constituição assemelhou a união estável ao casamento, as dívidas tributárias só poderão ser cobradas do parceiro sobrevivente até o *quantum* que lhe venha a tocar na partilha da parceria, dando-se a extinção da exigibilidade tributária do saldo eventualmente restante.

7.3.3. A responsabilidade dos herdeiros

Os herdeiros, a qualquer título, legais, testamentários, legatários, sucedem o *de cujus* em direitos e obrigações, razão por que a eles cumpre satisfazer as obrigações tributárias não liquidadas pelo falecido.

Na realidade, os herdeiros legais e testamentários, assim como os legatários, não sucedem nas dívidas do falecido, senão que naquelas que estiverem a cargo do espólio por ocasião da homologação da partilha.

À semelhança do que já frisamos antes no caso do cônjuge meeiro, somam-se as responsabilidade deixadas por falecimento do contribuinte ou responsável (ou um seu substituto) àquelas que houverem sido agregadas pelo próprio espólio durante sua existência.

Ao se homologar a partilha, desfaz-se o espólio, e cada herdeiro passa a dever ao Estado tanto quanto resulte da divisão, entre eles, da soma dos débitos deixados impagos pelo *de cujus* com aqueles outros originados durante a existência do próprio espólio.

Normalmente deveria se estabelecer uma solidariedade entre os herdeiros pela soma em questão, já que, como temos frisado, tal regime é regra no Direito Tributário. Contudo, neste caso temos uma exceção prevista em lei. É que o débito assumido pelos herdeiros por sucessão será atomizado entre eles, de modo que o Estado só poderá receber de cada um o valor encontrado na divisão concertada, e não toda a dívida, como seria no caso de que se instalasse a solidariedade.

A dívida assim fissionada e a responsabilidade individualizada de cada um dos sucessores, neste caso, derivam de entendimento do próprio teor do art. 131, II.

Assim, se a responsabilidade de cada herdeiro está limitada ao que receba por quinhão ou legado, não haverá, jamais, como o Estado lhe exigir mais do que o previsto na lei complementar. Na solidariedade - se instalada fosse - o valor a cobrar de qualquer deles seria o total da dívida, obviamente superior ao quinhão ou legado de cada sucessor. Então, *in casu* será absurdo qualquer raciocínio em termos de solidariedade.

As posições a serem assumidas pelos sucessores em razão do débito tributário transferido serão sempre as mesmas que haveriam de ser tomadas quer pelo *de cujus*, quer pelo espólio. Os sucessores têm, portanto, direito a todas as ações e exceções que teria o falecido (ou o espólio) para contrapor-se ao interesse do credor, exceptuadas, naturalmente, aquelas que derivavam da situação pessoal do *de cujus*.

Situação assemelhada se dá com o herdeiro exclusivo, quer seja herdeiro legal, testamentário ou legatário.

Também ele é tão-somente responsável pelas dívidas tributárias impagas do falecido somadas àquelas

A RESPONSABILIDADE TRIBUTÁRIA

que decorram da universalidade de bens subsistente entre a data do óbito e a da adjudicação. Mas sua responsabilidade estará limitada a quanto adjudique. Não mais. Se saldo restar da dívida, estará extinto. Os herdeiros legais serão sempre pessoas físicas, mas os herdeiros testamentários e os legatários sempre poderão ser uma ou mais pessoas jurídicas. A circunstância não altera a situação de individualização (atomização) da responsabilidade do débito entre elas, sendo impróprio imaginar-se, mesmo no caso de mais de uma pessoa jurídica beneficiada, uma pretensa solidariedade. Também a limitação do débito que poderá ser exigido delas pelo Estado estará contida no quanto recebam em partilha ou adjudiquem.

7.3.4. A responsabilidade nas dissoluções das sociedades conjugais

Embora não se trate de caso de sucessão *mortis causa*, julgamos que seria de ser abordada aqui a questão relativa à transferência da responsabilidade tributária que ocorre quando da dissolução das sociedades conjugais, seja pela nulidade ou anulação do casamento, seja pela separação judicial ou pelo divórcio.

É evidente que, enquanto dure, o casamento (ou a união estável) produz um liame entre os cônjuges pelos direitos e pelas obrigações.

No caso das obrigações tributárias, obviamente estarão as dívidas sob o regime da solidariedade, pois, segundo o art. 124, I, há clara evidência de mútua participação no interesse comum econômico dos fatos geradores.

Dissolvida a sociedade conjugal - o casamento ou a união estável - a nova situação civil não influi na posição dos cônjuges ante o Fisco. Os tributos impagos até o evento dissolutório continuarão de responsabilidade de ambos os ex-cônjuges ou ex-parceiros, solidariamente, pois o art. 123 do CTN diz que "Salvo disposições de lei em contrário, as convenções particulares relativas à responsabilidade pelo pagamento de tributos, não podem ser opostas à Fazenda Pública, para modificar a definição legal do sujeito passivo das obrigações tributárias correspondentes".

7.4. A responsabilidade por sucessão decorrente de atos *inter vivos* (artigos 130 e 131, I)

"Art. 130. Os créditos tributários relativos a impostos cujo fato gerador seja a propriedade, o domínio útil ou a posse de bens imóveis, e bem assim os relativos a taxas pela prestação de serviços referentes a tais bens, ou a contribuição de melhoria, sub-rogam-se na pessoa dos respectivos adquirentes, salvo quando conste do título a prova de sua quitação.
Parágrafo único. No caso de arrematação em hasta pública, a sub-rogação ocorre sobre o respectivo preço."
"Art. 131. São pessoalmente responsáveis:
I - o adquirente ou remitente, pelos tributos relativos aos bens adquiridos ou remidos;
(...)"

Melhor andaria o *caput* do art. 130 se houvesse suprimido o termo *"tributários"* (porque todos os créditos a que passa a se referir não têm outra conotação). Também mais homenagearia a boa técnica legislativa se, no lugar da palavra *"impostos"* tivesse, desde logo se utilizado do termo *"tributos"*. Com isto já não necessitaria alongar seu texto para dar abrangência à *"taxas"* e *"contribuições de melhoria"*.

Também não se explica o arremate final: *"...salvo quando conste do título a prova de sua quitação",* porque, na verdade, conste, ou não, do título de transferência dos direitos imobiliários, menção à prova de quitação, já porque todos os tributos estão pagos não há o que sub-rogar na pessoa do adquirente. A menção era, portanto, dispensável.

Finalmente, como numa mesma transferência podem ocorrer mais de um tributo a sub-rogar (imposto mais taxas ou imposto mais contribuição de melhoria) também melhor andaria o texto se tivesse se expressado no plural ("... cujos fatos geradores sejam ...")

Destarte, se há de entender que a idéia contida no texto é a de que "os créditos relativos a tributos cujos fatos geradores sejam a propriedade, o domínio útil ou a posse de bens imóveis, sub-rogam-se na pessoa dos respectivos adquirentes"

Depurado, é assim que o texto deve ser analisado.

Os tributos que geralmente incidem sobre imóveis são: o Imposto Territorial Rural (art. 153, VI, CF/88), do âmbito Federal; o Imposto sobre Transmissão *causa mortis* e Doação (art. 155, I, CF/88), do âmbito dos Estados-Membros e do Distrito Federal; o Imposto sobre a Propriedade Predial e Territorial Urbano (156, I, CF/88) e Imposto de Transmissão *inter vivos* de Direitos Imobiliários (art. 156, II, CF/88), ambos do âmbito Municipal; e as diversas taxas (de conservação de estradas, de limpeza pública, por exemplo) e contribuições de melhoria (abertura de estradas, obras de pavimentação, por exemplo) que as diversas versões do Estado façam incidir sobre os direitos imobiliários.

Assim, quando estiver alguém (pessoa física ou jurídica) a adquirir:

a) a propriedade (aquele direito que alguém tem de usar, gozar e dispor de seus bens, e de reavê-los do poder de quem quer que injustamente os possua, como diz o art. 524 do Código Civil Brasileiro);

b) o domínio útil (direito gerado, por exemplo, na enfiteuse, onde por ato entre vivos ou de última vontade o proprietário pleno atribui a outrem a perpétua utilização do imóvel, sob pagamento de um foro anual, pela utilização e de um laudêmio, quando transfira o domínio últil a terceiros, conservando sempre para si, entretanto, o domínio jurídico, conforme é dos artigos 678 e seguintes do Código Civil; ou, ainda, o direito real decorrente do usufruto, de fruir a posse, uso, administração, as utilidades e percepção de frutos de um imóvel, enquanto tal direito estiver destacado da propriedade (*jus in re plena*), conforme os artigos 713 e seguintes do Código Civil); ou,

c) a posse (aquele direito imobiliário limitado onde alguém tem, de fato, o exercício pleno, ou não, de algum dos poderes inerentes ao domínio, ou propriedade, consoante nos revela o art. 485 de nosso Estatuto Civil); estará, esse adquirente, a assumir a responsabilidade pelos tributos que gravavam os imóveis cujos direitos lhe estão a transferir.

O novo sujeito passivo que adquiriu qualquer dos direitos imobiliários acima citados (pessoa jurídica ou física) passa, a partir do ato jurídico que firma a transferência, a ser o novo responsável pelos créditos tributários vencidos ou a vencer, sucedendo, por isso, o alienante dos mesmos direitos.

Comumente a doutrina adota a idéia de que, realizada a sucessão, não restará ao alienante qualquer responsabilidade pela satisfação das prestações tributárias, devendo o Estado, se quiser receber seus créditos, acionar a cobrança na pessoa do adquirente.

Nem todos pensam assim. Bernardo Ribeiro de Moraes (*in Compêndio de Direito Tributário*, 2º vol. 2ª ed. Forense, 1994, p. 512, afirma:

"Os adquirentes assumem a posição de sucessores tributários, passando a responder perante a Fazenda Pública solidariamente com o transmitente."

Intrigante situação, sobre o posicionamento acima, deriva do art. 42 do CTN, integrante do rol de normas que regem o Imposto Sobre a Transmissão de Bens Imóveis e de Direitos a Eles Relativos ("Art. 42. Contribuinte do imposto é qualquer das partes na operação tributária, como dispuser a lei").

A Constituição Federal, em seu art. 156, definiu que tal imposto de transmissão é de competência municipal. Assim:

"Art. 156. Compete aos Municípios instituir imposto sobre:

I - (...);

II - transmissão *inter vivos*, a qualquer título, por ato oneroso, de bens imóveis, por natureza ou acessão física, e de direitos reais sobre imóveis, exceto os de garantia, bem como cessão de direitos a sua aquisição;

III - (...)."

Como a posição da norma complementar é a de que a lei municipal definirá quem será o contribuinte na operação - ou o transmitente ou o adquirente - desde logo se nota um aparente choque entre a possibilidade do estabelecimento da sujeição passiva ao transmitente com a exclusividade da responsabilidade tributária atribuída pelo art. 130 do CTN, que, como vimos, se definiu pelo adquirente.

Será, por certo, rara a lei municipal que coloca o transmitente na posição de sujeito passivo do imposto mas, segundo o art. 42 do CTN, a possibilidade existe.

Em tal caso, a lei municipal entra em conflito com o art. 130?

Parece-nos que não. A idéia é que, mantido o transmitente como responsável dos tributos incidentes sobre um imóvel que se esteja a desfazer, não incidirá regra de "sucessão" e, portanto, não há que se cogitar da incidência do art. 130. Os tributos que eram do transmitente, continuarão de sua responsabilidade já que, como vimos, eles não aderem ao imóvel objeto da operação mas têm caráter pessoal de obrigação "pessoa (transmitente)-Estado".

Mas o fato de que a lei pode se definir, tanto pelo adquirente, como pelo transmitente, na posição de sujeito passivo responsável pelo tributo, termina por mantê-los, ambos, como interessados comuns no resultado econômico de um mesmo fato gerador: o da transmissão do imóvel.

Embora o transmitente deseje vender pelo maior preço, e o adquirente comprar pelo menor, ambos têm em vista um mesmo resultado: o maior lucro possível com a compra e venda.

Então, se há um interesse econômico comum; e se há a participação também comum na situação que constitui o fato gerador da obrigação; então, repetimos, apresenta-se como cabível aquela solidariedade presumida do art. 124, I, do CTN, obrigando-nos a dar, por isso, razão a Bernardo Ribeiro de Moraes.

Segundo o texto do *caput* do art. 130, o fato gerador citado deve referir-se à transmissão de direitos reais sobre imóveis (propriedade, domínio útil, posse), o que afasta quaisquer direitos "pessoais".

Assim, como a transferência da propriedade ou do domínio útil de um imóvel só se dá no registro do título aquisitivo (registro da escritura pública), deveria ser em tal momento o tempo do pagamento da imposto de transmissão. Entretanto, é ele antecipado para o momento da escritura, eis que os tabeliães, premidos pela responsabilidade que lhes reserva o art. 134, VI, do CTN, já deixam cobrado e consignado no título aquisitivo o solvimento das obrigações tributárias.

O mesmo não se há de dar quando se transmita a posse. Como não há necessidade de escritura pública para a referida transmissão, podendo ela ser feita por instrumento particular, entendemos que é na data do instrumento que se dará a incidência dos tributos pertinentes.

Interessante situação deriva do chamado compromisso de compra e venda. Casos há em que, quer realizado por escrituras públicas, quer por instrumentos particulares, as promessas de compra e venda (ou de cessão de direitos reais sobre imóveis) podem vir a ser registradas no álbum do Registro de Imóveis competente, dando direitos reais aos compromissários. É o que resulta do art. 22 do Decreto-Lei nº 58, de 10.12.37, assim vazado:

"Art. 22. Os contratos, sem cláusula de arrependimento, de compromisso de compra e venda e cessão de direito de imóveis não loteados cujo preço tenha sido pago no ato de sua constituição ou deva sê-lo em uma ou mais prestações, desde que inscritos a qualquer tempo, atribuem aos compromissários direito oponível a terceiros, e lhes conferem o direito de adjudicação compulsória nos termos dos arts. 16 desta lei, 640 e 641 do Código de Processo Civil." (Redação de acordo com a Lei nº 6.014, de 27.12.73, art. 1º).

Embora em princípio a promessa seja do âmbito dos direitos pessoais, como a lei atribuiu-lhe, para o caso especial, direitos reais, já não vemos como a promessa de transmissão dos direitos imobiliários referidos fique à margem da tributação. Naturalmente, em tais casos, o pagamento da imposto de transmissão seguirá o que dispuser a lei municipal quanto ao sujeito passivo, mas deverá ser pago ou pelo transmitente ou pelo adquirente no ato da promessa de transmissão. A situação se verá reforçada se no instrumento - como é praxe - se transferir, desde logo, a posse do imóvel, em circunstância, como vimos, de transmissão de um direito real que, obviamente, não é exceção na transmissão de direitos reais e que deve, portanto, ser imediato objeto de incidência dos tributos inerentes.

Pelo parágrafo único do artigo 130 se liberta o adquirente dos mesmos direitos quando ele os assuma através de arrematação em hasta pública. Em tais casos, diz o CTN, a sub-rogação ocorre sobre o respectivo preço dos direitos praceados.

Os doutrinadores estão em que não caberá ao arrematante qualquer ônus. Leandro Paulsen, em seu excelente *Direito Tributário* (Livraria do Advogado Editora, ed. 1988, p. 294), informa que Hugo de Brito Machado (*in Curso de Direito Tributário*, 1997, p. 107) entende que o arrematante "não é responsável tributário", isto é, não sucede o alienante-devedor.

Ainda segundo Paulsen, Bernardo Ribeiro de Moraes (*in Compêndio de Direito Tributário*, 2º vol. 3ª ed., 1995, p. 513) tem entendimento de que a tributação devida fica limitada ao preço, com extinção do saldo que porventura houver. "Se o preço alcançado na arrematação em hasta pública não for suficiente para cobrir o débito tributário, nem por isso o arrematante fica responsável pelo eventual saldo", assevera Bernardo Ribeiro de Moraes, concluindo: "A arrematação em praça pública tem, pois, o efeito de extinguir os ônus do bem imóvel, passando este ao arrematante livre e desembaraçado de qualquer encargo tributário ou responsabilidade tributária".

Confessamos ter dúvidas sobre o último entendimento, aquele sobre a extinção dos saldos dos créditos tributários que excedam ao preço obtido na transferência dos direitos imobiliários alienados em hastas públicas.

É que transferido o imóvel por preço inferior aos tributos devidos, prejudicado ficará o Fisco que se terá de satisfazer com o preço atingido na praça, vendo extinguir-se o saldo de seu crédito. Não se vê o porquê de o credor estar obrigado a realizar um prejuízo quando a situação processual que levou ao leilão esteja envolvendo o devedor e uma terceira pessoa (o adquirente) em lide da qual ele, credor, nem mesmo pode ter participado.

A idéia de que o saldo do débito restante se considerará extinto não se revela consentânea com a necessidade de se cobrar às últimas conseqüências um tributo devido, como é de lei, vez que o procedimento rigoroso de cobrança é determinação inderrogável da atividade administrativa vinculada (artigos 3º e 141, CTN), e que as extinções de créditos tributários só poderão ocorrer por determinação legal expressa (artigos 97, I e, novamente, 141, CTN), naturalmente inadmitida a interpretação extensiva para chegar-se ao entendimento da extinção do saldo, até porque defesa em lei (artigos 97, VI, e 111, do CTN).

Ora, imaginemos que o alienante em hasta pública (e devedor tributário) tenha possibilidade de garantir o pagamento do saldo restante com os demais bens de seu patrimônio. Então, perguntamos: que razões justificariam, em tal situação, deixar de cobrar o tributo? Afinal, devemos refletir sempre que a arrecadação tem um sentido social que não se coaduna com o favor da extinção tributária atribuída, sem causa maior, a um determinado indivíduo.

O parágrafo único do artigo 130, aliás, não fala na extinção do saldo. A idéia surge por interpretação, numa clara infringência às disposições do art. 97, VI do CTN: "Somente a lei pode estabelecer: ... VI - as hipóteses de exclusão, suspensão e extinção de créditos tributários, ou de dispensa ou redução de penalidades. ..."

Por sinal, se visitarmos o parágrafo único do art. 677 do Código Civil ("O ônus dos impostos sobre prédios transmite-se aos adquirentes ... em caso de venda em praça, até o equivalente do preço da arrematação") - certamente normativo que serviu de modelo ao parágrafo único do ora comentado art. 131 do CTN - também vamos verificar que o texto civil não fala em extinção do saldo.

Ora, se a teor do *caput* do art. 131, e de seu parágrafo, podemos certamente afirmar que o adquirente de direitos imobiliários em praça pública não deve tributos devidos ao Fisco pelo alienante, porque do preço pago por ele no leilão se há de retirar quanto seja possível para a quitação (ainda que parcial) do débito fiscal, também, a teor dos mesmos dispositivos, não podemos inferir que o saldo seja considerado extinto. Em tais casos - é o nosso pensar - o alienante permanecerá devedor do saldo e responderá por ele com o restante de seu patrimônio. Lembremos que um débito tributário resultante de direitos sobre imóveis é, apesar de tudo e sempre, uma obrigação pessoal, e não uma obrigação real. Não se agrega ao imóvel senão que às pessoas e a seus patrimônios. Por isso, é forçoso concluir-se que o débito de quem vai alienar direitos imobiliários não "está" no imóvel; "está" na pessoa do próprio alienante que, até ali, sempre respondeu por ele com todo o seu patrimônio. Se ele transfere direitos em hasta pública, e o preço da arrematação não atinge o valor do débito tributário, então, embora não caiba ao adquirente pagar nada além do citado preço, poderá o Fisco cobrar do alienante, e com respaldo no mais de seu patrimônio, o saldo restante. Aliás, tanto como vai apropriar-se da parcela paga pelo adquirente: o preço. E se o Estado retira do patrimônio do alienante o preço dos direitos imobiliários transferidos, não se vê razão para não tentar realizar o restante dos tributos impagos, quiçá excutindo o que haja sobrado do patrimônio do mesmo alienante-devedor.

Temos que nosso posicionamento é, de certa forma, defendido por Hugo de Brito Machado. Leandro Paulsen (*op. cit.*) cita trecho do doutrinador tributário quando examina o inciso I do art. 131 (*ib op. cit.* p. 108), onde ensina: "... o alienante, devedor do tributo, continua responsável pelo respectivo pagamento, sem prejuízo da responsabilidade assumida pelo adquirente".

Por vezes surgem dúvidas quanto ao entendimento e amplitude da locução "hasta pública". O tributarista Sacha Calmon Navarro Coelho (*in Comentários ao Código Tributário Nacional*, coordenado por Carlos Valder do Nascimento, 1ª ed. Forense, 1997, p. 311), a respeito, informa:

"A jurisprudência tem sido restritiva. Hasta pública tem sido uma *nomina* estrita sem aplicação analógica. No RE nº 20.475-0-SP, o Ministro Pádua Ribeiro fez vencer a tese de que a venda 'por propostas', prevista no art. 118 do Dec.-lei nº 7.661 de 1945 (Lei de Falências), não equivalia à venda em hasta pública para fins de sub-rogação de créditos tributários no preço do imóvel alienado, como previsto no art. 130, parágrafo único. Mas ressalvou: 'É de admitir-se tal equivalência no caso de omissão do edital de venda quanto à responsabilidade pelos tributos. Todavia, na hipótese contrária, cumpre afastá-la'. Entendeu o Ministro Pádua Ribeiro que o parágrafo único, como exceção do *caput*, merecia interpretação restritiva."

Em suma e depois do exposto, podemos afirmar que, nos casos do art. 130, parágrafo único, a responsabilidade tributária do arrematante será nenhuma, pois tudo quanto tinha de pagar pelos direitos imobiliários era o preço atingido na hasta pública. Já o alienante pagará os tributos que devia com o preço obtido na praça (que irá para o Fisco, e não para ele) e, se saldo de débito tributário ainda houver, pagará, em pecúnia, ou com a garantia do que tenha sobrado de seu patrimônio.

Reservamos ainda para este trecho o tratamento do art. 131, inciso I ("São pessoalmente responsáveis: I - o adquirente ou remitente, pelos tributos relativos aos bens adquiridos ou remidos; ...") porque se relaciona com a sucessão em transferência de bens. De certa forma quanto aos direitos imobiliários o assunto já foi tratado no art. 130, mas volta a ter influência agora, no estudo do art. 131, I, do CTN. O normativo não só vem novamente regular a sucessão da responsabilidade tributária nas transferências dos bens *imóveis* mas, também, nas dos bens *móveis*.

A repetição, de certa forma imprópria, sobre a responsabilidade tributária nas transferências dos imóveis nem sempre esteve assim definida no CTN. É que originalmente o inciso I do art. 131 tinha texto diferente. Figurava no final dele a expressão "com inobservância do disposto no art. 191", que foi suprimida pelo Decreto-Lei nº 28, de 14.11.66.

Agregada a expressão, já a responsabilidade dos adquirentes ou remitentes de bens imóveis ou móveis só se realizava se a transferência se tivesse dado no seio de processo falimentar, no qual a declaração da extinção das obrigações do falido tivesse vindo sem que houvesse sido feita prova da quitação de todos os tributos relativos à sua atividade mercantil. A *contrario sensu*, se tal prova fosse feita na falência, então o adquirente ou remitente não seria responsabilizado pelos tributos inerentes aos imóveis ou móveis nela adquiridos, até porque, com ou sem a dita comprovação documental, não haveria tributos a suceder, uma vez que naturalmente teriam sido eles pagos pela massa falida.

Retirada a expressão pelo Decreto-Lei nº 28/66, o texto mutilado tomou outro rumo e sentido e, de certa forma, confundiu-se com o art. 130 no que diz respeito aos imóveis. Já não se restringia mais aos bens adquiridos ou remidos nas falências, passando o art. 131, I, a valer para regular a responsabilidade tributária:

a) na aquisição ou remissão de bens móveis; e,

b) apenas a remição de bens imóveis, já que, para a aquisição de tais bens, há a normatização do art. 130 e seu parágrafo único.

O texto legal fala que a responsabilidade é *pessoal*, naturalmente no sentido de que serão os figurantes, que logo adiante indica, aqueles que hão de ocupar o pólo passivo da obrigação tributária. Outro sentido será impossível até porque todas as obrigações (civis, comerciais, ou tributárias) são sempre pessoais, inexistindo obrigações reais possíveis. As obrigações pessoais, como sabido, relacionam pessoas, *in casu*, o credor e o devedor, estabelecendo um vínculo jurídico obrigacional entre eles. Não há vínculos reais envolvidos. Também quer significar que não se farão presentes no dito pólo passivo, conjuntamente (quer solidária, quer supletivamente), as figuras do sucedido e do sucessor, sendo certo que o legislador complementar desde logo fez a indicação que melhor lhe aprouve.

Por isso, não concordamos com Hugo de Brito Machado quando afirma: "Em face do art. 131, I, do CTN, pode ser levantada a questão de saber se o alienante do bem fica liberado, em face da responsabilidade assumida pelo adquirente. Parece-nos que o alienante, devedor do tributo, continua responsável pelo respectivo pagamento, sem prejuízo da responsabilidade assumida pelo adquirente" (*in Curso de Direito Tributário*, 14ª ed. Malheiros, 1998, p. 111). É que, a seguir-se o pensamento do mestre, teremos a possibilidade de ter duas pessoas no pólo passivo (o alienante e o adquirente), o que se contrapõe com aquela situação de pessoalidade, individualidade, exclusividade, pretendida no *caput* do art. 131, a indicar, desde logo, quem unicamente deve estar no pólo passivo da obrigação tributária ("São pessoalmente responsáveis: I - o adquirente ou remitente ...").

Pelo normativo, o adquirente de bens móveis e respectivos direitos (p. ex., de um automóvel, bem sujeito ao imposto estadual sobre propriedade de veículos automotores) fica responsável pelos tributos que devia o alienante sobre o bem transferido, ficando o ex-proprietário eximido da sujeição passiva. Assim, também, nas transferências de direitos incorpóreos, como os de títulos e créditos, quando tributados.

Como já frisamos, para a definição da responsabilidade tributária na aquisição de direitos sobre bens imóveis deve-se utilizar a regra do art. 130, já analisado.

No caso de remição de bens móveis e de bens imóveis a regra é semelhante. O devedor tributário que estiver com um bem móvel ou imóvel penhorado em ação executiva (fiscal ou não) ou arrecadado em processo de falência ou insolvência, pode ver o referido bem remido ou pelo cônjuge, descendente ou ascendente do devedor, *pietatis causa* (artigos 787 e seguintes do Código de Processo Civil), ou pelo credor do insolvente e pela massa na falência (art. 821 do Código Civil), ou, pelo próprio devedor, adquirente do imóvel gravado, ou, ainda, pelo segundo credor hipotecário, nas execuções hipotecárias (artigos 814 e 815 do Código Cicil). Em situações tais, o remitente passa a ser responsável individual e exclusivo sobre os débitos tributários pertinentes aos bens remidos, excluída a responsabilidade do devedor. Os tributos, inclusive, deverão ser quitados no ato, obrigado, o juiz da causa, a só passar a carta de remição competente à vista da prova da mencionada satisfação dos débitos (art. 790, V, CPC).

Para os casos de aquisições de bens móveis e remições de bens imóveis e móveis, o CTN não previu qualquer limitação da responsabilidade do sucessor, como o fez para a aquisição de imóveis em hasta pública. O adquirente responderá integralmente pelos tributos que devesse o alienante ou o devedor, assumindo-os *in totum* e respondendo por eles com seu patrimônio.

7.5. A sucessão por fusão, transformação, incorporação ou cisão (art. 132)

"Art.132. A pessoa jurídica de direito privado que resultar de fusão, transformação ou incorporação de outra é responsável pelos tributos devidos até a data do ato pelas pessoas jurídicas de direito privado fusionadas, transformadas ou incorporadas.
Parágrafo único. O disposto neste artigo aplica-se aos casos de extinção de pessoas jurídicas de direito privado, quando a exploração da respectiva atividade seja continuada por qualquer sócio remanescente, ou seu espólio, sob a mesma ou outra razão social, ou sob firma individual."

Na mesma Seção II, do Capítulo V do CTN (Responsabilidade dos Sucessores), que estamos analisando - ainda entre os casos de responsabilidade tributária decorrentes de atos *inter vivos* - vamos encontrar o normativo supra, que se destina a regular aquela sucessão que se dá quando da extinção das empresas ou, como diz o Código, das pessoas jurídicas de direito privado.

E não se destina às empresas jurídicas de direito público porque a fusão, a incorporação, a transformação ou a total extinção destas só se poderá dar por lei (tal como foram criadas) e, assim sendo, ali se disporá sobre a liquidação dos débitos fiscais eventualmente existentes. No caso de extinção total da pessoa jurídica de direito público, além disso, poderá ocorrer, também, a extinção de parte dos créditos tributários por confusão - pelo menos daqueles em que o credor e sujeito ativo é o mesmo sócio majoritário da empresa - embora tal modalidade extintiva não esteja entre aquelas do artigo 156 do CTN, certamente um rol não exaustivo.

Inobstante, aquelas empresas estatais que adotam a sistemática de direito privado (geralmente sob a forma de sociedades anônimas), estarão sob o pálio do normativo.

As extinções das empresas privadas estão subordinadas aos conceitos de fusão, transformação e incorporação que o direito privado estabeleceu na Lei nº 6.404/76, com as alterações da Lei nº 9.457/97. É o art. 110 do CTN que permite a migração de tais conceituações civis para o âmbito tributário.

Assim, por *fusão*, compreende-se "a operação pela qual se unem duas ou mais sociedades para formar sociedade nova, que lhes sucederá em todos os direitos e obrigações"(art. 228, Lei das Sociedades Anônimas); por *incorporação*, se entende "a operação pela qual uma ou mais sociedades são absorvidas por outra, que lhes suceda em todos os direitos e obrigações"(art. 227, idem); e, *transformação*, é "a operação pela qual a sociedade passa, independentemente de dissolução e liquidação, de um tipo para outro" naturalmente "obedecendo aos preceitos que regulam a constituição e o registro do tipo a ser adotado pela sociedade" (art. 220, idem).

Nos casos de *fusão*, a empresa resultante da soma das fusionadas carrega a responsabilidade pelos tributos impagos nestas, vencidos ou a vencer, até a data em que a ata de constituição ou contrato social relativo ao surgimento da nova empresa seja registrado no álbum comercial, aplicando-se a regra do art. 129 enquanto penda de solução o referido assentamento no Registro do Comércio.

Nos casos de *incorporação*, a empresa incorporadora passa, desde a data do registro acima mencionado, a dever os tributos que a incorporada devia ao Fisco, também vencidos ou a vencer.

Já para os casos de *transformação*, temos dúvidas da necessidade da regra colocada no art. 132. A transformação do tipo societário da empresa (por exemplos, de sociedade solidária para sociedade por quotas de responsabilidade limitada, ou desta para sociedade anônima ou, ainda, de SA para Ltda.), na verdade não opera a extinção da empresa anterior. Certamente teremos uma mudança qualquer na denominação da nova firma de modo a apresentá-la com o novo tipo societário, mas não se tratará, por certo, de uma nova pessoa jurídica, senão a mesma com outro nome e conformação social.

Em todo o caso, a regra do art. 132 para a responsabilidade tributária é a de que a empresa resultante, com o novo nome e tipo societário, arca com os tributos vencidos e a vencer da empresa transformada, os mesmos que ela mesma devia quando se anotou, no Registro de Comércio, a transformação ocorrida.

O parágrafo único do art 132 trata de caso de extinção total da empresa. Agora já não há mais fusão, transformação ou incorporação. A empresa deixa simplesmente de existir. O caso apresentado é de *aquisição*.

Em tal caso, se um ex-sócio (o CTN fala em *sócio remanescente*, mas tal situação é impossível quando a firma acaba), ou seu espólio, passa a explorar a mesma atividade da extinta, seja sob a mesma razão social ou até mesmo sob firma individual, então tal ex-sócio, ou seu espólio, é responsável, por sucessão legal, pelos tributos que a firma desaparecida devia ao Fisco quando assentou sua dissolução no Registro de Comércio.

O Código Tributário Nacional não fez menção a um outro tipo de extinção empresarial (que até nem sempre se verifica) que, em todo o caso, vem sendo admitido pela doutrina e pela jurisprudência: a *cisão*. Quando foi editado em 1966, vigia ainda a Lei das Sociedades Anônimas anterior (a Lei nº 2.627/40), que não mencionava o instituto. Tal tipo de extinção só veio ao nosso sistema jurídico em 1976, quando da nova Lei das Sociedades Anônimas, a Lei nº 6.404, definindo em seu art. 229 que *cisão* é a operação pela qual a companhia transfere parcelas do seu patrimônio para uma ou mais sociedades, constituídas para esse fim ou já existentes, extinguindo-se a companhia cindida, se houver versão de todo o seu patrimônio, ou dividindo-se o seu capital, se parcial a versão"

Como se vê, a cisão leva a duas possibilidades: a de extinção total da empresa anterior, a cindida, com a versão de todo o patrimônio, direitos e obrigações às empresas resultantes; ou à sua manutenção, com transferência parcial a outra (ou outras sociedades) do patrimônio, direito e obrigações da primeira.

Geralmente os sócios das empresas que estão em processo de cisão, tanto os da cindida como das resultantes, convencionam sobre o destino da responsabilidade sobre as obrigações existentes ao tempo do ato mas, como é do art. 123 do CTN, "as convenções particulares, relativas à responsabilidade pelo pagamento de tributos, não podem ser opostas à Fazenda Pública, para modificar a definição do sujeito passivo das obrigações tributárias correspondentes".

Por óbvio, não havia como se deixar sem solução a questão da responsabilidade tributária nas cisões.

O socorro veio da doutrina e da jurisprudência, especialmente com a utilização das disposições do art. 108 do CTN, de modo a que se evitem evasões fiscais.

Primeiramente, é de se anotar que nas cisões totais, aquelas em que o patrimônio, direitos e obrigações da empresa original, cindida, se transfere a outra ou outras sociedades, a situação tem grande semelhança com aquela que refere o parágrafo único do art. 132, pelo qual se transfere ao ex-sócio a responsabilidade tributária da empresa extinta quando ele passe a explorar, em continuação, a atividade da desaparecida. O critério analógico leva a responsabilizar as empresas resultantes da cisão pelas obrigações tributárias vencidas e a vencer da cindida, extinta pela versão total de seu patrimônio, direitos e obrigações. E para o caso de que a versão tenha-se dado a mais de uma empresa, quer novas, quer preexistentes, então tais empresas hão de se constituir

A RESPONSABILIDADE TRIBUTÁRIA

101

como devedoras solidárias dos tributos impagos ao tempo da empresa cindida.

Para o caso das empresas que se cindam sem desaparecimento total, aquelas que transferem parcialmente seu patrimônio, direitos e obrigações a uma ou mais sociedades mas que conservam alguns deles, suficientes para a manutenção da sua existência, parece natural o estabelecimento de solidariedade entre todas elas quanto à responsabilidade dos débitos tributários, até mesmo porque todas terminam por se beneficiar das vantagens econômicas dos fatos geradores dos tributos cujos débitos lhes são transferidos. É solução que se tira das disposições do art. 124, I, do CTN também com a utilização dos princípios do seu art. 108.

Mas sem dúvida, como a lei complementar não dispôs expressamente sobre o tema, há necessidade de imediata solução legal para os casos de se emprestar responsabilidade tributária a pessoas jurídicas derivadas de cisões de empresas, de modo a que se evitem controvérsias processuais a respeito.

7.6. A sucessão por aquisição de fundo de comércio ou estabelecimento (art. 133)

"Art. 133. A pessoa natural ou jurídica de direito privado que adquirir de outra, por qualquer título, fundo de comércio ou estabelecimento comercial, industrial ou profissional, e continuar a respectiva exploração, sob a mesma ou outra razão social ou sob firma ou nome individual, responde pelos tributos, relativos ao fundo ou estabelecimento adquirido, devidos até a data do ato:

I - integralmente, se o alienante cessar a exploração do comércio, indústria ou atividade;

II - subsidiariamente com o alienante, se este prosseguir na exploração ou iniciar dentro de 6 (seis) meses, a contar da data da alienação, nova atividade no mesmo ou em outro ramo de comércio, indústria ou profissão."

É mais um caso de responsabilidade tributária atribuída a uma pessoa por ato *inter vivos*.

Desta feita, no caso de alguém, pessoa física ou jurídica, que adquira fundo de comércio ou empresa (industrial, comercial, financeira, profissional, prestadora de serviços) e que continue a exploração anterior que praticava a empresa ou o fundo de comércio adquiridos, responderá pelos tributos da pessoa jurídica que lhe vendeu o citado fundo ou que lhe foi inteiramente alienada, ainda que o adquirente se utilize, na exploração dos bens adquiridos, da mesma razão social anterior ou de outra qualquer, mesmo que seja em nome individual.

Por fundo de comércio se entende não só os bens corpóreos de uma empresa (máquinas, veículos, móveis e utensílios, mercadorias, etc.) como os bens incorpóreos (marcas e patentes, clientela, nome comercial, autorizações públicas para funcionamento, etc.).

Não será a aquisição deste ou daquele veículo ou móvel e utensílio, ou desta ou daquela marca ou patente, por exemplo, que será decisiva para a transferência da responsabilidade para o adquirente. Naturalmente um ou outro bem não vai, jamais, constituir o que se chama de fundo de comércio, embora cada um dos itens exemplificados faça parte dele. A idéia da lei complementar, entretanto, é aquela em que haja uma apreciável transferência dos bens corpóreos e/ou incorpóreos para o adquirente, de modo a sugerir um importante aporte de meios para que este passe a uma exploração substanciosa com os bens adquiridos. É somente em tal caso, quando já se poderia inferir que a empresa alienante está transferindo seus bens sem a quitação dos tributos devidos, ficando presumivelmente sem patrimônio que garanta sua dívida para com o credor-estatal, é só aí que se há de acionar sucessão tributária. A decisão será, portanto, de exame de fato.

Naturalmente se o adquirente absorve toda a empresa anterior, passando a ser responsável por todos os direitos e obrigações dela, então temos caso certo de transferência da responsabilidade tributária até porque de certa forma estariam aplicados *in casu*, os artigos 131, I, e 132, parágrafo único, do CTN.

Assim, entendemos que o adquirente somente será responsável: a) se adquirir completamente a empresa anterior quando, por óbvio, terá adquirido, também, além das obrigações, todos os direitos, inclusive os de seu fundo de comércio; ou, b) se adquirir substancial quantidade de bens corpóreos e incorpóreos do fundo de comércio da empresa alienante, capaz de permitir uma exploração proveitosa ou capaz de sugerir uma descapitalização da alienante que ponha em risco a realização dos créditos tributários.

Segundo os incisos I e II do artigo em exame, o modo como o adquirente assumirá a responsabilidade se apresenta na forma "integral" e na forma "subsidiária".

Quando diz que o adquirente assumirá "integralmente" a responsabilidade tributária, "se o alienante cessar a exploração do comércio, indústria ou atividade", o inciso I parece querer afirmar que, dada tal situação de fato de cessação de atividades e porque não há mais como cobrar os tributos impagos da alienante - quer vencidos, quer a vencer - o adquirente fica com as obrigações de satisfação dos débitos ou seja, que não pode esperar que sejam cobrados quaisquer valores da alienante desaparecida já que a responsabilidade é toda sua.

Hugo de Brito Machado (*in Curso de Direito Tributário*, 14ª ed. Malheiros, 1998, p. 112) entende diferentemente. Assim:

"Tal como acontece com o art. 131, I, também o art. 133, I, enseja a questão de saber se o alienante continua vinculado à obrigação tributária. A regra diz apenas que o adquirente responde 'integralmente, se o alienante cessar a exploração do comércio, indústria ou atividade'. Quem diz 'integralmente' não está dizendo 'exclusivamente'. Pode ocorrer que o adquirente, em virtude de débitos trabalhistas ou mesmo outros débitos tributários, não tenha condições de fazer o pagamento. Seu patrimônio pode ser insuficiente para garantir o pagamento da dívida tributária que assumiu com a aquisição. O alienante, mesmo havendo cessado a respectiva exploração, continua responsável. (...) A palavra 'integralmente' no inciso I do art. 133 do Código Tributário Nacional, há de ser entendida como 'solidariamente' e não como exclusivamente. O elemento teleológico da interpretação impõe esse entendimento, que afasta a possibilidade de práticas fraudulentas. Havendo mais de uma interpretação possível, não se há de preferir aquela que dá oportunidade para fraudes."

Estamos, de certa forma, de acordo com o mestre tributarista, mas com idéia que julgamos complementar o seu sentir.

Primeiramente, se a empresa cessou suas atividades, há de se perquirir se se dissolveu (e em que condições) ou simplesmente fechou suas portas, continuando a existir juridicamente. Não resolve atribuir responsabilidade solidária a pessoa jurídica que deixa de existir. Por isso, nos casos de dissolução jurídica, parece-nos muito mais importante responsabilizar solidariamente, juntamente com o adquirente, os sócios da empresa desaparecida, já que, a teor do art. 124, I, eles estavam - ao tempo dos fatos geradores e nos quais tinham "interesse comum" - interessados nos efeitos econômicos deles resultantes.

A RESPONSABILIDADE TRIBUTÁRIA

Se a empresa alienante apenas fechou, sem que se haja dissolvido, concordamos com a posição do eminente doutrinador mas, ainda assim, entendemos que a solidariedade estará com a empresa alienante, como quer seu pensamento, com seus sócios, pelas razões acima levantadas e, ainda, com o adquirente, por força legal.

Já o inciso II atribui responsabilidade *subsidiária* ao adquirente, mantendo como devedor principal o alienante "se este prosseguir na exploração ou iniciar dentro de 6 (seis) meses, a contar da data da alienação, nova atividade no mesmo ou em outro ramo de comércio indústria ou profissão"

A idéia é evitar que pessoas jurídicas devedoras tributárias consigam, sob o expediente da venda do fundo de comércio ou das próprias empresas, transferir responsabilidades aos adquirentes e, logo após, livres dos ônus, reiniciarem atividades no mesmo ou em outro ramo. Em tais casos de reinício de atividades, o alienante volta a ser devedor principal e o adquirente mero responsável supletivo, valendo dizer que dele só se hão de exigir os tributos transferidos depois de excutidos os bens do alienante (desimportando, inclusive, se esta reiniciou as atividades sob outra razão social).

Mas há um prazo decadencial para o efeito de tornar a responsabilizar a pessoa jurídica alienante: ela deve ter reiniciado suas atividade dentro de seis meses, contado, tal prazo, da data em que alienou o fundo de comércio ou a própria empresa ao adquirente.

7.7. A responsabilidade decorrente de omissões ou atos ilícitos na administração de bens de contribuintes ou responsáveis (art. 134).

Passamos agora a examinar os artigos 134 e 135, que regulam a responsabilidade tributária daqueles que o

CTN chama de "terceiros" (Seção III - Responsabilidade de Terceiros), vale dizer, daqueles substitutos tributários que intervêm na inexecução obrigacional com omissões ou ilicitamente, quando da administração de bens, de contribuintes ou responsáveis, quer seja por impossibilidade da prestação tributária por parte dos referidos contribuintes ou responsáveis, quer por omissões ou ilícitos praticados na administração dos referidos bens, quer em atos de tais substitutos que se reflitam na insatisfação de obrigações dos substituídos para com o Fisco.

É nos artigos 134 e 135 que mais fortemente vamos sentir a presença das responsabilidades *objetiva* e *subjetiva*, a primeira no art. 134, e a segunda, tentada no art. 135, onde a aparência é do estabelecimento da necessidade de se provar uma *culpabilidade* do agente.

"Art. 134. No caso de impossibilidade de exigência do cumprimento da obrigação principal pelo contribuinte, respondem solidariamente com este nos atos em que intervierem ou pelas omissões de que forem responsáveis:

I - os pais, pelos tributos devidos por seus filhos menores;

II - os tutores e curadores, pelos tributos devidos por seus tutelados ou curatelados;

III - os administradores de bens de terceiros, pelos tributos devidos por estes;

IV - o inventariante, pelos tributos devidos pelo espólio;

V - o síndico e o comissário, pelos tributos devidos pela massa falida ou pelo concordatário;

VI - os tabeliães, escrivães e demais serventuários de ofício, pelos tributos devidos sobre os atos praticados por eles, ou perante eles, em razão do seu ofício;

VII - os sócios, no caso de liquidação de sociedade de pessoas.

A RESPONSABILIDADE TRIBUTÁRIA

Parágrafo único. O disposto neste artigo só se aplica, em matéria de penalidades, às de caráter moratório."

O normativo começa mal. Ao dizer que, no caso de impossibilidade de se cobrar do contribuinte principal, se há de cobrar o débito das figuras elencadas, certamente não se está fazendo praça de *solidariedade,* senão que de *subsidiariedade.* Se de solidariedade se tratasse não haveria porque aguardar-se pela verificação da "impossibilidade de cumprimento da obrigação pelo contribuinte". Desde logo poderia o credor fazer suas exigências ambivalentemente por sobre o contribuinte, por sobre um dos figurantes do elenco ou, ainda, por sobre ambos.

A idéia de que o credor-estatal exigirá os tributos do contribuinte e, só depois, verificada a impossibilidade de cobrança, voltar-se contra o patrimônio das pessoas indicadas no artigo 134 é, certamente, caso de *subsidiariedade,* e não, de solidariedade.

Como tal, entendemos que qualquer das pessoas elencadas, se chamadas à responsabilidade antes do contribuinte, ainda que muitas vezes o represente, poderá invocar tempestivamente o *beneficium excussionis* e indicar, desde logo, bens do seu administrado, contribuinte, para penhora.

Bernardo Ribeiro de Moraes (*in Compêndio de Direito Tributário,* 2º vol., 2ª ed. Forense, 1994, p. 520) não pensa assim. Diz ele ao comentar o artigo:

"(...) a responsabilidade do terceiro é 'solidária' com a do sujeito passivo originário (...)"

O preceito exige que a responsabilidade subsidiária dos administradores seja somente naqueles "atos em que intervierem" ou "pelas omissões de que forem responsáveis".

Alguns figurantes do rol do art. 134 realmente intervêm em atos sobre cujas situações registram fatos geradores tributários, como é o caso dos tabeliães, dos escrivães e dos demais serventuários de ofício (art. 134, VI). Em tais casos, negligenciado o pagamento tributário, respondem tais figuras pelo *debitum*, subsidiariamente, isto é, se não for possível a cobrança por sobre o patrimônio do contribuinte.

O normativo também responsabiliza o administrador de bens alheios que se omita no pagamento de tributos dos administrados. Assim, por exemplo, um pai vai ser responsável subsidiário pelos tributos do filho menor, ou um inventariante, pelos débitos do espólio, quando, na gerência dos bens sob sua administração não satisfizer prestações tributárias a que seus administrados contribuintes estavam obrigados.

Como os incisos do art. 134 falam que a responsabilidade é por "tributos" e o próprio parágrafo único afasta as sanções penais, reservando-as apenas às de caráter moratório, é de se entender que - à diferença do que vamos encontrar no art. 135 - o legislador não haja encontrado maior gravidade nas omissões ou nas intervenções ilícitas dos figurantes.

Aliás, não se perquirirá da intenção do agente. Verificada a omissão ou a intervenção, estará ele responsabilizado subsidiariamente pelos tributos que o Fisco deixou de recolher, em clara situação de responsabilidade *objetiva*. O *caput* do artigo insere a locução "atos em que intervierem ou pelas omissões *de que forem responsáveis*", pretendendo que basta sua presença como administrador dos bens do administrado ou que basta a intervenção nos atos praticados, para o acionamento da responsabilidade objetiva que leva à responsabilidade subsidiária.

Nosso pensamento não encontra unanimidade. Luciano Amaro (*in Direito Tributário Brasileiro*, ed. Saraiva, 1997, p. 305) observa:

> "Observe-se que não basta o mero 'vínculo' decorrente da relação de tutela, inventariança, etc., para

que se dê a eleição do terceiro como responsável; requer-se que ele tenha praticado algum ato (omissivo ou comissivo), pois sua responsabilidade se conecta com os 'atos em que tenha intervindo' ou com as 'omissões pelas quais for responsável'."

Pensamos que o eminente tributarista está enganado. Primeiramente, não poderá o ato ser comissivo. Se o for, estaremos no plano do art. 135 onde a intenção culposa do agente foi tentada para a responsabilização do "terceiro". Depois, cremos que o doutrinador foi traído pelo significado com que foi empregada a palavra "responsáveis". Para ele, o termo serve para "qualificar a pessoa a quem competiria a prática de certo ato e que se omitiu; o problema é de 'autoria' de ato omissivo; o omisso 'responde' por sua omissão. Dessa 'responsabilidade' por atos omissivos decorre a condição de 'responsável tributário', nas situações em exame."

Temos outra impressão. Ao longo deste trabalho temos insistido que o legislador utilizou os termos "responsável", "responsabilidade", e seus derivados, sem qualquer conotação de acepção única. Como nosso léxico informa vários sentidos, com tais vários sentidos foram tomadas as referidas palavras. No artigo 134, o sentido de *responsáveis* é o de "encarregados", aqueles que por lei ou convenção estão incumbidos de algumas tarefas (os pais no gerenciamento dos bens dos filhos, os tutores, nos dos bens dos tutelados, etc.). Assim, da locução "pelas omissões de que forem responsáveis" havemos de entender: "pelas omissões nos pagamentos dos débitos tributários praticadas na administração de bens da qual estavam encarregados".

Com tal entendimento, voltamos à idéia de que a responsabilidade, *in casu*, é a *objetiva*.

Também não serão responsabilizados os chamados "terceiros" por obrigações acessórias de seus administrados ou daqueles a quem sucedem subsidiariamente,

110
Gilberto Etchaluz Villela

pois o *caput* do normativo aponta para *obrigação principal*, ficando estabelecida aquela diferença entre esta e a obrigação acessória de que nos fala o art. 113 do CTN.

Estão responsabilizados subsidiariamente pelos pagamentos tributários impossibilitados de serem recebidos, diretamente pelo Estado, de seus administrados-contribuintes:

I - Os pais, pelos tributos devidos por seus filhos menores. Nosso Código Civil (art. 385) nos diz que "o pai e, na sua falta, a mãe, são os administradores legais dos bens dos filhos que se achem sob seu poder, salvo o disposto no art. 225", exceção que trata do direito ao usufruto dos bens dos filhos de cônjuge falecido quando o viúvo ou a viúva se case antes do inventário do casal e da partilha dos bens aos herdeiros.

Assim, se os filhos incapazes de gerir seus próprios bens, face a suas menoridades, não estiverem em poder do pai ou da mãe - caso em que certamente a administração dos bens do menor seja encargo de outrem - nada se há de responsabilizar a pais em tais condições. Inexistente a administração, impossível a ocorrência de omissão no pagamento dos tributos devidos pelos filhos-contribuintes.

II - Os tutores e curadores, pelos tributos devidos por seus tutelados ou curatelados. A tutela é instituto de amparo que o Código Civil estatuiu para os filhos menores (art. 406) quando lhes faleçam os pais ou sejam julgados ausentes; ou, ainda, quando esses pais decaiam do pátrio poder.

A curatela também é instituto de amparo previsto no Código Civil (art. 446) mas, desta feita, para os interditos loucos de todo o gênero; surdos-mudos sem educação que os habilite a enunciar precisamente a sua vontade; pródigos; e nascituro, se o pai falece, estando a mulher grávida e não tendo o pátrio poder (art. 462, Código Civil).

Em casos tais de incapacidade para o gerenciamento de seus próprios bens, dar-se-ão tutores, nos primeiros casos, e curadores, nos últimos.

São tais figuras que serão responsabilizadas se, por omissão, deixarem de recolher os tributos devidos pelos incapazes-contribuintes, cujos bens estão sob suas administrações, independentemente de perquirir-se se foram os pagamentos descurados por negligência, imprudência, imperícia ou dolo.

III - Os administradores de bens de terceiros, pelos tributos devidos por estes. Aqui, a situação é de gestão contratual de bens alheios. O administrador não está "encarregado" por força legal, como nos casos anteriores. É escolhido por vontade do administrado. É o caso dos procuradores (artigos 1.288 e seguintes do Código Civil), os gestores de negócios (artigos 1.331 e seguintes do mesmo Código).

É regra do mandato que o mandatário é obrigado a aplicar toda sua diligência habitual na execução do mandato (art. 1.300, Código Civil) e, portanto, se desidioso com o trato dos deveres tributários do mandante, deve subsidiariamente ser responsabilizado pelo *debitum*.

Também o gestor de negócios estará na mesma situação porque o Código Civil (art. 1.336) determina que o "gestor envidará toda a sua diligência habitual na administração do negócio" sendo óbvio que o não-pagamento dos tributos do gerido é culpa objetiva que deve levar à sua reponsabilização subsidiária.

O gestor pode estar na administração de bens de pessoa física ou de jurídica, diferentemente dos casos anteriores onde as pessoas administradas sempre são pessoas físicas.

Entendemos que em casos especiais a subsidiariedade da responsabilidade pode transformar-se em *solidariedade*.

A gestão dos bens alheios pode-se dar a título gratuito ou oneroso. No último caso, o gestor poderá estar encarregado a preço determinado (*salarium*) e/ou com participação na lucratividade da gestão. Nos casos de gestão gratuita ou apenas assalariada, julgamos que a responsabilidade por omissões será subsidiária, como quer o art. 134. Já nos casos de participação nos resultados da administração, entendemos que deverá se instalar desde logo a solidariedade, eis que o administrador participou dos fatos geradores e teve, com o contribuinte, interesse comum econômico neles, como é do art. 124, I, do CTN.

IV - O síndico e o comissário, pelos tributos devidos pela massa falida ou pelo concordatário. Como se sabe, o síndico da falência e o comissário da concordata são pessoas indicadas judicialmente para os encargos de administração dos bens arrecadados pela massa, no primeiro caso, e da fiscalização das atividades da empresa, no segundo. Em ambos os casos estarão eles sob a direção e superintência do juiz que os nomeou (art. 59, Lei nº 7.661/45).

Ao síndico cabe a responsabilidade pelo pagamento de tributos quer gerados antes da quebra, vencidos por força dela, quer gerados durante a falência. Curiosamente, ao tratar dos deveres e atribuições do síndico, os artigos 62 e seguintes da Lei de Falências nada dispõe sobre o pagamento de tributos. A menção do art. 63, a outros deveres, serão os que lhe impõem, além dos arrolados, a mesma Lei de Falências.

Em todo o caso, há que ser lembrado que a cobrança de créditos tributários não está sujeita à habilitação em falência ou concordata (art. 187, CTN) mas que cumpre ao síndico, para ver declarada a extinção das obrigações do falido, apresentar prova de que foram pagos todos os tributos relativos à atividade mercantil da falida (art. 191, CTN).

Parece-nos difícil que um síndico possa ser desidioso de modo exclusivo com o pagamento dos tributos da falida. Primeiro, porque ele sempre estará sob a supervisão do juiz. A falha, se houver, será de ambos, portanto. Em segundo lugar, como a falência não pode ser levantada sem a prova do pagamento de todos os tributos, dificilmente haverá débitos a reclamar pelo estado-credor, sabendo-se que há um marco que não poderá ser ultrapassado com a "omissão" do administrador da falência.

Ademais, também se pode dar o caso de que os bens arrecadados sejam consumidos com pagamentos de créditos trabalhistas, que preferem os tributários, nada restando para estes. Não se vê como, em tal situação, responsabilizar o síndico pela "impossibilidade de exigência do cumprimento da obrigação principal pelo contribuinte", como quer o *caput* do art. 134.

Já nos casos da concordata - seja preventiva, seja suspensiva de falência - não vemos como hajam débitos vencidos quando de sua instalação. O art. 191 do CTN proíbe a concessão do regime especial quando não seja apresentada prova de quitação de todos os tributos da futura concordatária.

O comissário é nomeado nas mesmas condições do síndico da falência (art. 60 da LF), mas não tem os poderes do síndico. Segundo o art. 169 da Lei de Falências, cabe a ele "fiscalizar" o comportamento do devedor que, em todo o caso, permanece na administração dos seus haveres. De tal situação se deduz a impossibilidade de se responsabilizar o comissário pela omissão no pagamento de tributos da concordatária, salvante a especial situação de não reportar ele ao juiz da concordata a falta cometida pelos sócios-administradores. O comissário não administra, fiscaliza a administração. Os sócio-gerentes, por isso, são solidariamente responsáveis pela falta de pagamento dos tributos da concordatária, mas a subsidiariedade do comissário só se há de dar quando se omita ele no seu encargo fiscalizatório. Uma questão de fato a ser examinada caso a caso.

VI - Os tabeliães, escrivães e demais serventuários de ofício, pelos tributos devidos sobre os atos praticados por eles, ou perante eles, em razão do seu ofício. O art. 289 da Lei de Registros Públicos diz o seguinte:

"Art. 289. No exercício de suas funções, cumpre aos oficiais de registro fazer rigorosa fiscalização do pagamento dos impostos devidos por força dos atos que lhes forem apresentados em razão de ofício".

Embora fale apenas de "impostos", há que se estender o entendimento para "tributos", compreendendo-se também na disposição, as taxas e as contribuições de melhoria e quaisquer outras contribuições, sendo que, em especial, a previdenciária.

Assim, por exemplo, se o tabelião, ao passar uma escritura de compra e venda de imóvel, deixa de exigir o recolhimento do Imposto de Transmissão de Bens Imóveis (ITBI), fica subsidiariamente responsável por ele. E se o oficial de registro de imóveis deixa de fiscalizar tal pagamento, incorre na mesma responsabilidade.

No mesmo caso estará o escrivão judicial que, nos processos de arrolamento ou inventário, não cobra, do espólio, dos herdeiros ou do cônjuge meeiro o competente imposto sobre heranças.

São omissões todas elas capazes de gerar a responsabilidade daqueles que tinham o dever de fiscalizar o pagamento tributário, eis que os fatos geradores estavam ocorrendo perante eles.

VII - os sócios, no caso de liquidação de sociedades de pessoas. O preceito não diferencia sociedade comercial de sociedade civil. Vale para a liquidação de ambas.

Diz o art. 344 do nosso Código Comercial:

A RESPONSABILIDADE TRIBUTÁRIA

"Art. 344. Dissolvida uma sociedade mercantil, os sócios autorizados para gerir durante a sua existência devem operar a sua liquidação debaixo da mesma firma, aditada com a cláusula - 'em liquidação'; salvo havendo estipulação diversa no contrato, ou querendo os sócios, o aprazimento comum ou por pluralidade de votos em caso de discórdia, encarregar a liquidação a algum dos outros sócios não gerentes, ou a pessoa fora da sociedade."

E diz o art. 655 do Decreto-lei nº 1.608/39 (Código de Processo Civil Antigo), na parte ainda em vigor:

"Art. 655. A dissolução de sociedade civil, ou mercantil, nos casos previstos em lei ou no contrato social, poderá ser declarada, a requerimento de qualquer interessado, para o fim de ser promovida a liquidação judicial."

A situação prevista no artigo 134 do CTN é a da responsabilização subsidiária dos sócios pelos tributos devidos pela sociedade que se vai dissolver, judicial ou amigavelmente, durante o processo liquidatório.

Evidentemente, quanto aos tributos anteriores ao processo de liquidação, já eram são solidários os sócios, face ao que dispõe o art. 124, I, do CTN. A partir do processo de liquidação, a responsabilidade será solidária do administrador (sócio escolhido para a liquidação ou do "liquidante"). Somente depois da liquidação teremos a responsabilidade subsidiária dos sócios, se a liquidação chegou a termo sem o pagamento dos tributos devidos.

Em suma, para fatos geradores ocorridos antes da liquidação, estarão os sócios em responsabilidade solidária; para fatos geradores ocorridos durante a liquidação, a responsabilidade solidária é da empresa e do liquidante, ficando os sócios na posição subsidiária.

A regra, como dispõe o preceito, vale tão-somente para as "sociedades de pessoas", aquelas em que os sócios se reúnem para os fins sociais *intuitu personae*. Não se aplica, portanto, àquelas sociedade tidas como "de capital", tais como as sociedades anônimas. Nestas, a situação de responsabilidade subsidiária se há de dar na figura do "liquidante", mas por força da gestão do negócio (item III do art. 134) por ele levada a efeito. Os sócios estarão na posição de solidariedade, face ao art. 124, I, do CTN.

7.8. A responsabilidade decorrente de atos praticados com excesso de poderes ou infração de lei, contrato social ou estatutos - atos ilícitos - (art. 135)

"Art. 135. São pessoalmente responsáveis pelos créditos correspondentes a obrigações tributárias resultantes de atos praticados com excesso de poderes ou infração de lei, contrato social ou estatutos:
I - as pessoas referidas no artigo anterior;
II - os mandatários, prepostos e empregados;
III - os diretores, gerentes ou representantes de pessoas jurídicas de direito privado."

É neste artigo que entendemos haver falhado uma tentativa do legislador para a colocação em prática da teoria subjetiva da responsabilidade.

Quando colocou no texto a palavra "pessoalmente" parece que tinha a intenção de imputar ao agente, certamente culpado pelos atos ilícitos que depois define, a responsabilidade exclusiva de suas omissões ou seus cometimentos delituosos.

Quiçá a idéia tenha sido mesmo a de excluir da responsabilidade tributária aqueles contribuintes administrados por tais agentes, considerando-os também vítimas dos atos ilícitos praticados pelos administradores indicados, tanto quanto o próprio Fisco.

A RESPONSABILIDADE TRIBUTÁRIA

Assim, em sua imaginação, quando um sócio-gerente deixasse de pagar um certo tributo devido pela empresa que administra, praticaria ato contrário à lei que prejudica o Fisco e a própria empresa. Em caso tal, o sócio-gerente deveria ser responsabilizado "pessoalmente" pelo ilícito, com inteira isenção da empresa, esta mais vítima que responsável.

Não entendemos assim.

Se bem estejamos concordes que a idéia do legislador foi a de dar subjetivismo e responsabilizar o agente-administrador (pai, tutor, curador, mandatário, diretor, gerente, etc.) que age com "excesso de poderes ou infração à lei, contrato social ou estatutos", pensamos que apenas cobrar os créditos tributários impagos de tal administrador é medida insuficiente que certamente muitas vezes vai prejudicar o Fisco. Se o administrador de uma grande empresa determina que não se pague ao Erário certo imposto vultoso, o mesmo que, mais tarde, quando acionado no regime de sua responsabilização, não tem como saldar, então estará definitivamente prejudicado o Estado, e a empresa, excluída da responsabilidade tributária, a se locupletar com o tributo inadimplido. A situação exemplificada pode ser levada a qualquer caso daquelas administrações de que falam os artigos 134 e 135.

Na verdade, entretanto, deslembrou-se o legislador que havia dedicado à solidariedade aquelas pessoas que "tenham interesse comum na situação que constitua o fato gerador da obrigação principal, como diz o art. 124, I, do CTN. Assim, no caso do exemplo, tanto o sócio-gerente, administrador interessado nos lucros da empresa, como esta mesma, cujo rédito obviamente aumenta com o ilícito, terminam por beneficiar-se economicamente com a lesão praticada ao Estado, em claro interesse, comum e econômico, que provoca a solidariedade entre ambos.

Assim sendo, não se vê como responsabilizar "pessoalmente" o administrador faltoso, com a exclusão do administrado, como querem alguns. A solidariedade "de fato" que o art. 124 estabelece entre eles, acrescida daquela objetividade proclamada no art. 136; os princípios de não-locupletação e de moralidade, aliados aos altos interesses sociais do Estado, estão a clamar pela responsabilização também do administrado naqueles casos previstos no art. 135 do CTN. Não podemos ver de outra forma. A lei tributária deve, antes de mais nada, cuidar dos interesses do Estado. Por isso, se se der outra interpretação ao art. 135, terá ela emprestado maior ênfase aos interesses dos contribuintes-administrados do que aos do Erário, seu evidente e maior objetivo.

Portanto, se um administrador daqueles mencionados no art. 134 e no art. 135, praticar, culposa ou dolosamente, ato com excesso de poderes ou mediante infrações à leis, contratos ou estatutos, estará responsabilizado pelos créditos tributários inadimplidos, juntamente com aqueles administrados também previstos nos dois artigos citados.

Exemplo normativo claro de nosso entendimento vamos encontrar na Portaria nº 99, de 05.02.80 (DOU do mesmo dia), baixada na forma do Decreto-Lei nº 1.736, de 20.12.79, art. 8º):

"São solidariamente responsáveis com o sujeito passivo os acionistas controladores, os diretores, gerentes ou representantes de pessoas jurídicas de direito privado, pelos débitos decorrentes do não-recolhimento do Imposto sobre Produtos Industrializados (IPI) e do Imposto sobre a Renda (IR) descontado na fonte. O Secretário da Receita Federal encaminhará ao procurador-geral da Fazenda Nacional, para propositura de medida judicial, os nomes e endereços das pessoas *solidariamente responsáveis* pelos débitos dos impostos referidos."[Grifamos].

Conforta nosso entendimento Hugo de Brito Machado:

"No 5º Simpósio Nacional de Direito Tributário, realizado em São Paulo, em outubro de 1980, prevaleceu, contra nosso voto, a tese de que o art. 135 cuida de hipótese de substituição, e por isso as responsabilidade de qualquer das pessoas no mesmo referidas implica a exoneração da pessoa jurídica. Parece-nos inteiramente inaceitável tal entendimento. *A lei diz que são 'pessoalmente' responsáveis, mas não diz que sejam os únicos. A exclusão da responsabilidade, a nosso ver, teria de ser expressa.*

Com efeito, a responsabilidade do contribuinte decorre de sua condição de sujeito passivo 'direto' da relação obrigacional tributária. Independe de disposição legal que expressamente a estabeleça. Assim, em se tratando de responsabilidade inerente à própria condição de contribuinte, não é razoável admitir-se que desapareça sem que a lei o diga expressamente. Isto, aliás, é o que se depreende do disposto no art. 128 do Código Tributário Nacional, segundo o qual 'a lei pode atribuir de modo expresso a responsabilidade pelo crédito tributário a terceira pessoa, vinculada ao fato gerador da respectiva obrigação, excluindo a responsabilidade do contribuinte ou atribuindo-a a este em caráter supletivo do cumprimento total ou parcial da referida obrigação'. Pela mesma razão que se exige dispositivo legal expresso para a atribuição da responsabilidade a terceiro, também, se há de exigir dispositivo legal expresso para excluir a responsabilidade do contribuinte." [Grifos nossos]

As pessoas responsáveis - administradores e administrados - evidenciadas no art. 135 são aquelas já examinadas no art. 134 e mais:

- *os mandatários, prepostos e empregados (art. 135, I)*

Os *procuradores* hão de ser responsabilizados pelos tributos que deveriam ter quitado em nome dos respectivos mandantes. Desimporta, realmente, se estavam prejudicando o Erário com culpa ou sem culpa, porque o estabelecimento da solidariedade entre contribuinte-mandante e administrador-mandatário faz com que o tributo possa ser alcançado de um ou de outro (ou de ambos).

A situação não muda quando o administrador seja um preposto-*administrador* dos bens do preponente-administrado.

Já não será qualquer *empregado* que responderá pelos tributos impagos do empregador. É preciso que ele esteja na condição de administrador de seu patrão para que possa ser alcançado pela responsabilização do art. 135. Mero servidor sem qualquer ingerência na administração não pode ser alvo da solidariedade tributária aqui enfocada.

- os diretores, gerentes ou representantes de pessoas jurídicas de direito privado (art. 135, III).

As pessoas jurídicas de direito privado administradas por diretores, sócios-gerentes, gestores ou procuradores, quando deixem de pagar suas obrigações tributárias por ordem comissiva ou por ato omissivo de quem esteja na sua administração, serão responsabilizadas solidariamente com aqueles que praticaram tais atos comissivos ou omissivos nas condições de ilicitude do *caput* do art. 135.

É necessário para a responsabilização que a pessoa esteja, ao tempo dos fatos geradores, na administração da pessoa jurídica. É por isso que as execuções fiscais contra esta podem vir a ser redirecionadas contra os administradores, embora, em nosso entendimento e face à solidariedade estabelecida, desde logo seria possível atingir, pela penhora, os bens de quaisquer sócios ou administradores, sem que fosse necessário, antes, a execução dos bens encontrados e insuficientes da empresa.

Os administradores de pessoas jurídicas de direito público não eram responsáveis tributários na forma do art. 135. Lembremos, contudo, que o CTN é de 1966. Hoje, face ao que dispõe o art. 150 da Constituição Federal, especialmente em seus §§ 2º e 3º, estamos que os administradores estarão responsabilizados solidariamente com a empresa pública por eventual inadimplemento de certos tributos que se relacionem, por exemplo, "com a exploração de atividades econômicas regidas pelas normas aplicáveis a empreendimentos privados".

8. A responsabilidade por infrações (arts. 136 a 138)

"Art. 136. Salvo disposição em contrário, a responsabilidade por infrações da legislação tributária independe da intenção do agente ou do responsável e da efetividade, natureza e extensão dos efeitos do ato."

O art. 136 consagra a teoria objetiva da responsabilidade no Código Tributário Nacional.

Como tudo em Direito, não há consenso entre os tributaristas sobre o acerto na escolha do legislador.

Para Ives Gandra da Silva Martins, as disposições objetivistas se constituem em "excrecência representada pela permanência do princípio, no direito pátrio, felizmente em repercussões de pouca monta, pois quase sempre a lei ordinária dispõe em contrário" e ele cita Ruy Barbosa Nogueira, que analisa o dispositivo frisando (*in Direito Financeiro*, Ed. Bushatsky, 3ª ed., p. 165): "...a responsabilidade por infrações independe da intenção do agente ou responsável, admitindo assim a possibilidade da arcaica concepção de infração puramente objetiva dentro da legislação tributária", (*in Responsabilidade Tributária* - Cadernos de Pesquisas Tributárias nº 5, ed. Resenha Tributária, 1980, p. 38)

Dejalma de Campos (*in ib.* p. 108), escreve: "Contrariando todos os princípios, o art. 136 do CTN ... admitindo assim a possibilidade da arcaica concepção da infração puramente objetiva dentro da legislação tributária".

Já Zelmo Denari reconhece, sem dar-lhe profissão de fé, a tradição objetiva no tributarismo. Assim (*in ib.*p. 137): "Em contraste, nosso Código Tributário preferiu seguir critérios tradicionais da doutrina tributarista, configurando a infração fiscal como ilícito de caráter objetivo, enquanto mero resultado da inobservância de um preceito."

Sacha Calmon Navarro Coelho defende a posição tomada por nosso legislador tributário (*in ib.* p.208): "Os tipos infracionais em direito tributário obviamente não se coadunam com a pesquisa do elemento subjetivo do ilícito. Não faria senso indagar se o contribuinte deixou de emitir nota fiscal por dolo, intenção deliberada de emitir, sonegar ou por simples culpa (negligência). Daí o Código ter previsto e consagrado no art. 136 a teoria objetivista do ilícito, com o intuito de evitar *periculum in mora.*" E diz mais, *in Comentários ao Código Tributário Nacional*, ed. Forense, 1997, p. 325: "Em princípio, a intenção do agente (melhor seria dizer do sujeito passivo) é irrelevante na tipificação do ilícito fiscal. E deve ser assim. O *error juris* infracional ou extra-infracional não deve ter cabida no direito tributário sancionatório. Se fosse permitido alegar a ignorância da lei fiscal, no caso 'a lei extra-fiscal', estaria seriamente embaraçada a ação do Estado contra os sonegadores de tributos, e aberto o *periculum in mora*. Seria um pretexto elástico a favorecer certos *experts* antes que um imperativo de justiça em favor de supostos homens de *bona fide.*"

Bernardo Ribeiro Guimarães é a favor da responsabilidade objetiva (*in ib.*, p. 363): "Agasalhando boa doutrina, o Código Tributário Nacional adotou o critério objetivo para a verificação da responsabilidade por infrações da legislação tributária."

Interessantes posições adota Luciano Amaro (*in Direito Tributário Brasileiro*, ed. Saraiva, 1997, p. 416):

"A doutrina costuma, à vista desse dispositivo, dizer que a responsabilidade por infrações tributárias é 'objetiva', uma vez que não seria necessário pesquisar a eventual presença do elemento subjetivo (dolo ou culpa). ... *Por outro lado, Luiz Flávio Gomes [in Direito Penal Empresarial*, Dialética, 1995, p. 95/6: Responsabilidade penal objetiva e culpabilidade nos crimes contra a ordem tributária] diz que o art. 136 é 'absolutamente inconstitucional', por tratar da 'responsabilidade no sentido objetivo (imposição de sanção sem dolo ou culpa), conflitando com a 'presunção de inocência'.

Talvez o Código não mereça nenhum desses comentários. O preceito questionado diz, em verdade, que a responsabilidade não depende da 'intenção', o que torna (em princípio) irrelevante a presença de 'dolo' (vontade consciente de adotar a conduta ilícita), mas não afasta a discussão da 'culpa' (em sentido estrito). Se ficar evidenciado que o indivíduo não quis descumprir a lei, e o eventual descumprimento se deveu a razões que escaparam a seu controle, a infração ficará descaracterizada, não cabendo, pois falar-se em responsabilidade. ...

O art. 136 pretende, 'em regra geral', evitar que o acusado alegue que ignorava a lei, ou desconhecia a exata qualificação jurídica dos fatos, e, portanto, teria praticado a infração 'de boa-fé', sem 'intenção' de lesar o interesse do Fisco. ...

Em suma, parece-nos que não se pode afirmar ser 'objetiva' a responsabilidade tributária (em matéria de infrações administrativas) e, por isso, ser inadmissível todo o tipo de defesa do acusado com base na ausência de culpa. O que, em regra, não cabe é a alegação de ausência de 'dolo' para eximir-se de sanção por infração que não requer intencionalidade."

Certamente serão simpáticas as posições adotadas por Luciano Amaro porque ficam elas amparadas por critérios de eqüidade e justiça, dando azo a que se adote, sempre que frente a uma infração tributária e desde que possível e necessário, as disposições dos artigos 108, § 2º (sobre aplicação da eqüidade quando ausente disposições normativas expressas) e 112 ("A lei tributária que define infrações, ou lhe comina penalidades, interpreta-se da maneira mais favorável ao acusado, em caso de dúvida quanto: I - à capitulação legal do fato; II - à natureza ou às circunstâncias materiais do fato, ou à natureza ou extensão dos seus efeitos; III - à autoria, imputabilidade, ou punibilidade; IV - à natureza da penalidade aplicável, ou à sua graduação"), ambas do próprio CTN.

Entretanto, estamos entre aqueles que seguem a idéia objetivista da responsabilidade tributária porque é ela a que melhor atende os interesses da arrecadação, esta que se faz em nome do povo em geral. A outra teoria - a subjetivista - pode ser a melhor para as aplicações de sanções no campo do Direito Penal, naquele em que as penas atingem a pessoa do agente. No caso das penalidades administrativas do Direito Tributário, todas elas patrimoniais (multas, perdimentos de bens) ou políticas (interdições, negativas de certidões, proibições de certas operações), entendemos que os interesses públicos estão melhor resguardados pela teoria objetiva, pautados na idéia de que o bem social deve suplantar o bem individual.

Quando o art. 136 fala em "responsabilidade por infrações da legislação tributária" quer referir a idéia de que o agente ou responsável (o contribuinte ou alguém por ele) tenha cometido um ato ilícito, tenha deixado de cumprir algum ditame daquelas posturas definidas nos artigos 96 e 100 do CTN (leis, tratados e convenções internacionais, decretos, atos normativos, decisões dos órgãos de jurisdição administrativa, práticas reiteradas das autoridades, convênios entre União, Estados, Distrito Federal e Municípios, jurisprudência do Poder Judiciário), todas elas imposições cogentes, de observação obrigatória.

É justamente pelo descumprimento de uma dessas disposições que se há de instalar a *responsabilidade* do agente. Surge, então, a norma sancionatória, continente daquilo que o art. 136 chama de *responsabilidade por infrações*. Mas, entenda-se bem: o dispositivo em comento trata da responsabilidade pelas sanções derivadas do ato ilícito cometido; não do próprio tributo eventualmente impago ou da norma de obrigação acessória descumprida. As regras para a responsabilização pelo recebimento do tributo inadimplido ou para a execução da obrigação acessória descurada vamos encontrar nos artigos que antecederam.

Infração *é ato ou efeito de infringir (violar, quebrantar, transgredir, postergar; desrespeitar); é violação de uma lei, ordem, tratado, convênio; é inobservância de preceitos e regulamentos, de obrigações contratuais, de deveres sociais de diligência e lealdade, etc.*

Mal-ferida a determinação normativa, instala-se a infração e, dela derivada, segue-se a sanção. Esta chega para reconduzir o agente ao caminho da boa conduta normativa, quer prevenindo novas incursões ilícitas, quer reparando o dano causado.

No Direito Tributário Brasileiro a falta de um *dare*, de um *facere*, de um *non facere*, ou, ainda, de um *tolerare*, a que estava obrigado um contribuinte ou responsável, deixa-o na condição de infrator, capaz de ser responsabilizado por uma sanção administrativa que chamamos de penalidade tributária.

Desimporta para nosso Direito se o agente teve ou não a intenção da conduta faltosa. Desimporta, também, se do ato ou omissão praticados resultou efetivo dano ou, se produzindo deletérios efeitos, qual a extensão deles. Desde que a obrigação foi descumprida, com ou sem intenção, com ou sem resultados danosos, cabe a sanção.

A RESPONSABILIDADE TRIBUTÁRIA **127**

Evidentemente, a cada caso estará a autoridade penalizadora verificando as motivações da falta e a intensidade dos prejuízos causados ao Erário, aplicando, em função de tais circunstâncias, aquelas disposições mitigadoras do art. 112 do CTN, consagradora do princípio do *in dubio pro tributariu*.

Diz ainda o art. 136 que a lei ordinária pode dispor em contrário, isto é, pode definir que se perquira do dolo ou culpa do agente, passando, então, a ser aplicada a teoria subjetiva da responsabilidade.

Temos que tal lei se constituirá em exceção, e a interpretação que a ela se dê há de refletir tal circunstância. A regra será, portanto, a prevalência da teoria objetivista, que, como dissemos, melhor resguarda os interesses do público em geral. O próprio CTN, aliás, faz, no art. 137, uma exceção subjetivista.

"Art. 137. A responsabilidade é pessoal ao agente:
I - quanto às infrações conceituadas por lei como crimes ou contravenções, salvo quando praticadas no exercício regular de administração, mandato, função, cargo ou emprego, ou no cumprimento de ordem expressa emitida por quem de direito;
II - quanto às infrações em cuja definição o dolo específico do agente seja elementar;
III - quanto às infrações que decorram direta e exclusivamente de dolo específico:
a)das pessoas referidas no art. 134, contra aquelas por quem respondem;
b)dos mandatários, prepostos ou empregados, contra seus mandantes, preponentes ou empregadores;
c)dos diretores, gerentes ou representantes de pessoas jurídicas de direito privado, contra estas."

O art. 137 consagra exceção subjetivista dentro do CTN ao ensejar a perquirição de dolo nas ações infracionais dos agentes que menciona.

Desta feita, a responsabilidade será efetivamente pessoal ao agente como quer o *caput*.

Desde logo, registre-se que a responsabilização de que trata o comando é pelas sanções administrativas que estejam previstas para o ilícito. Refoge ao interesse do artigo penalidades outras, como detenção ou prisão, por exemplo, já do âmbito das leis penais que venham a considerar o evento como ação criminosa ou contravencional. Também não trata o artigo da responsabilização pelo próprio tributo impago, como vimos antes, a cargo de outras disposições do CTN.

A rigor da norma, os agentes deverão ser responsáveis pelas multas ou outras sanções penais administrativas:

- *quanto às infrações conceituadas por lei como crimes ou contravenções, salvo quando praticados no exercício regular da administração, mandato, função, cargo ou emprego, ou no cumprimento de ordem expressa emitida por quem de direito (art. 137, I).* Tem sido apontada como incongruente a situação de que um crime ou contravenção possa ser praticado "no exercício regular de administração". Efetivamente a norma não quis dar tal interpretação.

Devemos analisar o "exercício regular" a partir da alternativa aposta no final da oração (*ou no cumprimento de ordem expressa emitida por quem de direito*). Temos que, a partir de tal disposição, uma posição "regular" será aquela em que o administrador (gerente, diretor, procurador, empregado, etc.), expressa ou presumidamente, esteja agindo na gestão por determinação e encargo dos administrados (empresa, mandante, empregador, etc.). Naturalmente, como bem assevera Luciano Amaro (*in Direito Tributário Brasileiro*, Ed. Saraiva, 1997, p. 419):

"O artigo disciplina, como se vê somente hipóteses em que o agente não esteja atuando em nome próprio e por sua conta. Com efeito, o dispositivo desloca o foco pessoal da incidência da sanção tributária da figura do 'responsável' (terceiro em nome e por conta de quem atue o agente) para a pessoa do 'agente', como se este estivesse agindo em seu próprio nome e por sua própria conta. Na prática, o que freqüentemente ocorre é que o 'agente' atua em nome e por conta do terceiro, mas ardilosamente, fugindo aos deveres de sua função, age 'em seu próprio nome'."

Ao lesar dolosamente o Erário com ação que lei penal conceitua como crime ou contravenção, o agente será duplamente penalizado: pela lei penal com a sanção que esta lhe reserve e pela lei tributária, com a pena de multa ou outra de caráter administrativo.

A responsabilidade será sempre "pessoal", mas não quer dizer, "individual". Se o agente pratica o delito com conivência de outras pessoas, a "pessoalidade" das sanções criminais ou contravencionais naturalmente se estenderá a todos os coadjuvantes. Apenas, no caso da multa, ou de outra penalidade tributário-administrativa, adotar-se-á a cobrança apenas uma vez do seu valor, de um ou de todos os envolvidos, estabelecendo-se solidariedade entre eles.

Para os casos do art. 137, de um modo geral, a cobrança da penalidade administrativa não se fará com a solidariedade do administrado (empresa, empregador, mandante, etc.) porque, tanto quanto o Erário, é ele vítima da ação deletéria do gestor. Por isso, a cobrança da sanção se dará "pessoalmente" de quem tenha delinqüido. Entretanto, se ficar caracterizado que o administrado queria o evento criminoso ou contravencional, então a sanção administrativa será por igual cobrada dele e do administrador, em regime de solidariedade, claro resultado do que dispõe o art. 124, I, do CTN.

Não se poderá prescindir, na investigação do crime ou da contravenção, da comprovação do dolo, como é de hábito no Direito Penal. Só depois de estabelecida sua existência e, naturalmente, a definição de que o agente incidiu num tipo penal, será possível responsabilizar-se o agente "pessoalmente" pela multa ou pena administrativa. Hugo de Brito Machado (*in Curso de Direito Tributário*, 14ª ed. Malheiros, 1998, p. 118) recomenda para os casos de dificuldade em ser encontrado, com segurança, o elemento subjetivo, que se faça a distinção "por um critério objetivo: a vantagem".

Descaracterizados o crime ou a contravenção, descaracterizado o dolo, obviamente já não mais será possível a penalização administrativa. Mas, por evidente, a exclusão da punibilidade por artes do Direito Penal, via uma de suas excludentes, pode não descaracterizar a pena administrativa, havendo necessidade de se fazer investigação caso a caso.

- quanto às infrações em cuja definição o dolo específico do agente seja elementar (art. 137, II). Já não mais tratamos agora de casos em que a lei considera a ação como criminosa ou contravencional mas que, por igual, requer, para a responsabilização do agente, que tenha ele praticado a infração tributária (administrativa) com o que chama de "dolo específico" que constitua elemento integrante do tipo.

O agente em tais casos não corre mais o risco de sanções do Direito Penal, eis que a ação não é tipo criminal ou contravcioonal. Constitui-se, tão-somente, em tipo administrativo, para o qual estará previsto, como elemento básico, um certo dolo específico, ou seja, aquele a que se visa um determinado resultado. Em tais casos recairá "pessoalmente" no agente (ou em quem com ele cometa a infração) uma penalidade administrativo-tributária (multa, p. ex.)

Em princípio, a ação não tem a gravidade daquela em que o Direito terminou por considerar crime ou contravenção, pensando-se, naturalmente, que a penalização não terá aquela ponderação que possa ser prevista para as ocorrências do inciso I. Inobstante, como ainda é o Erário a vítima da infração, nada impede que o legislador apene com severidade o infrator ou os infratores.

Luciano Amaro (*op.cit.* p. 421), afirma que a ocorrência do "resultado" não será necessária para o aperfeiçoamento do tipo infracional, bastando a 'intenção' do agente de atingir esse resultado para que já se possa penalizá-lo.

Novamente e como no caso anterior, se se comprovar que o administrado concorreu para o evento danoso à Fazenda Pública, a imposição da penalidade deverá, por igual, atingi-lo, e a cobrança se há de fazer no regime da solidariedade.

- quanto às infrações que decorram direta e exclusivamente de dolo específico: a) das pessoas referidas no art. 134, contra aquelas por quem respondem; b) dos mandatários, prepostos ou empregados, contra seus mandantes, preponentes ou empregadores; c) dos direitos, gerentes ou representantes de pessoas jurídicas de direito privado, contra estas (art. 137, III). São casos de responsabilidade de terceiros que o CTN já havia arrolado nos artigos 134 e 135, mas que, agora, passam a sofrer o crivo da lei sob ótica subjetivista do dolo específico.

É a vontade determinada de lesar o Fisco que leva à responsabilização do mau administrador pela penalidade administrativo-tributária que a lei impuser.

Evidentemente não se pensará que a lei tributária venha a ter preocupações com a vítima-administrado. A imposição da sanção tributária se dá apenas porque ficou lesado o Estado. As conseqüências dos prejuízos eventualmente percebidos pela vítima-administrado se hão de investigar à vista do Direito Civil, no âmbito do qual o lesado há de pedir as reparações que entenda de direito.

Se por ventura o administrado teve participação na vantagem do ato lesivo ao Estado, então já não será o agente administrador responsabilizado "pessoalmente". Com ele, em regime de solidariedade, na imposição e cobrança da penalidade, estará o administrado conivente.

> "Art. 138. A responsabilidade é excluída pela denúncia espontânea da infração, acompanhada, se for o caso, do pagamento do tributo devido e dos juros de mora, ou do depósito da importância arbitrada pela autoridade administrativa, quando o montante do tributo dependa de apuração.
>
> Parágrafo único. Não se considera espontânea a denúncia apresentada após o início de qualquer procedimento administrativo ou medida de fiscalização, relacionados com a infração."

O disposto no art. 138, caso claro de norma geral sobre exclusão de exigibilidade de crédito tributário, melhor se enquadraria entre as regras sobre a anistia (arts. 180 a 182 do CTN).

Na verdade, pelo comando se tornam inexigíveis, depois da denúncia espontânea, aquelas sanções que estavam determinadas e agregadas ao crédito tributário original infracionado.

Entretanto, como se trata de anistia que, como sabemos, somente exclui o crédito tributário referente às penalidades impostas face a uma infração ocorrida, não fica o crédito totalmente excluído ou totalmente inexigível. O principal do crédito tributário permanece exigível e apenas se tornam anistiadas, perdoadas, excluídas, inexigíveis - a partir da denúncia espontânea e do pagamento do tributo - as multas ou quaisquer outras sanções administrativas que vieram a se agregar ao principal.

Então, o art. 138 é, basicamente, isto: anistia, perdão.

Mas será perdão condicionado à denúncia espontânea e quitação do crédito tributário inadimplido, por parte do devedor ou de quem por ele responda.

Tal tipo de anistia jamais poderá ser aplicada, ainda que a denúncia espontânea se materialize, àqueles casos previstos no art. 137, I e II, quanto às infrações conceituadas por lei como crimes ou contravenções ou quanto às infrações em cuja definição o dolo específico do agente seja elementar (ou resultante de dolo, fraude ou simulação - como definidos no Código Civil, artigos 92; 102, II; e 105 - pelo sujeito passivo ou por terceiro em benefício daquele). E também não se aplicará a situações em que, mesmo ante a denúncia espontânea, se constate que as infrações foram resultado de conluio entre duas ou mais pessoas naturais ou jurídicas, salvo se lei específica disser em contrário. São regras sobre a anistia que o art. 180 do CTN assim consagra:

> "Art. 180. A anistia abrange exclusivamente as infrações cometidas anteriormente à vigência da lei que a conceda, não se aplicando:
> I - os atos qualificados em lei como crimes ou contravenções e aos que, mesmo sem essa qualificação, sejam praticadas como dolo, fraude ou simulação pelo sujeito passivo ou por terceiro em benefício daquele;
> II - salvo disposição em contrário, às infrações resultantes de conluio entre duas ou mais pessoas naturais ou jurídicas."

A denúncia espontânea é regra de anistia concedida em caráter geral (art. 181, I) e, portanto, todos os contribuintes ou responsáveis dela podem se aproveitar. E, por ser de caráter geral, não há necessidade de, em cada caso, ser ela efetivada por despacho da autoridade administrativa, em requerimento com o qual o interessado faça prova do preenchimento das condições (especialmente da denúncia espontânea realizada e do pagamento do tributo) e dos requisitos previstos para sua concessão como requer o art. 182 do CTN para os casos das anistias individuais ou limitadas.

Em resumo: a anistia do art. 138 é, portanto, regra de exclusão de exigibilidade do crédito estatal resultante de sanções por infração tributária, condicionado principalmente às seguintes regras:

- denúncia espontânea por parte do sujeito passivo, ou de alguém por ele, antes do início de quaisquer procedimentos administrativos (ou fiscalizações) relacionados com a infração;
- pagamento do principal do crédito tributário (o próprio tributo) com os juros e a correção monetária decorrentes, no ato da denúncia (ou do depósito da importância arbitrada pela autoridade administrativa, quando o montante do tributo dependa de apuração);
- realização do *facere*, *non facere* ou *tolerare* que houver gerado a sanção (em superação das infrações que geram as freqüentemente chamadas "multas isoladas");
- não haja o sujeito passivo cometido o ato infracionário em situação típica de crime ou contravenção;
- não haja praticado a infração com dolo, fraude ou simulação; e,
- não haja agido em conluio com outra pessoa natural ou jurídica (salvo se a lei dispuser em contrário).

As principais condições para que o sujeito passivo obtenha a anistia, quando examinado tão-somente o art. 138, são: a denúncia espontânea e o simultâneo pagamento do tributo, se for o caso, pois se a infração era decorrente de obrigação acessória descumprida, a exigência será o cumprimento dela.

Como registramos em nosso *Teoria da Exigibilidade da Obrigação Tributária*, (1ª ed. Síntese, 1999, p. 121), a anistia é caso de exclusão da exigibilidade do crédito tributário (e todos sabemos que as penalidades são

A RESPONSABILIDADE TRIBUTÁRIA

créditos tributários) e, não, caso de extinção da punibilidade ou, ainda, como diz o CTN, caso de exclusão do próprio crédito. A diferença é sutil, mas existe. Na exclusão do crédito ele se finda, se extingue; na exclusão da exigibilidade ele permanece "em ser", não extinto, mas sem efeitos visíveis.

A anistia, quando geral, pode ser revogada em alguns casos, como naqueles em que, por exemplo, se descubra, posteriormente, a existência de crime, contravenção, dolo, fraude simulação (art. 180, CTN), ou, quando, limitada, nas formas do parágrafo único do artigo 182 e do art. 155, ambos de nosso Estatuto Tributário. Por isso, não há exclusão do crédito e, sim, exclusão da exigibilidade dele. O crédito anistiado fica existindo, sem produzir efeitos. Citamos lá, inclusive, o seguinte exemplo: "um rádio é ligado com o som em volume natural e todos podem ouvi-lo. A seguir, o som é cortado ao máximo mas, por ficar ligado, gasta energia. Nos casos de anistia, o fato gerador da obrigação ocorre, se instala a exigibilidade, mas uma lei, logo a seguir, torna-o 'não exigível' por conveniência estatal. Apesar de tudo, mantém-se o crédito tributário por força do art. 175, parágrafo único, assim como aquele rádio que gasta energia sem produzir qualquer som."

A denúncia espontânea é aquela que o sujeito passivo faz ante as autoridades, confessando débito que ela ainda não havia detectado, pois não realizara qualquer ato administrativo ou fiscalização a respeito. O sujeito passivo só terá tido sua confissão como "espontânea" se tais atos administrativos ainda não houverem tido início (fiscalização, lançamento em dívida ativa, tentativa de cobrança amigável, etc.). Evidentemente esboçados tais atos, a atitude do sujeito passivo será considerada coacta pela atividade administrativa e não dotará de voluntariedade o ato confessório. Em tais casos, a exclusão de exigibilidade não se instala e, por conseguinte, não se realiza a anistia desejada pelo sujeito passivo.

Os atos administrativos ou fiscalizatórios, entretanto, têm de estar relacionados com a sanção que se pretendia anistiar. Se uma fiscalização é iniciada na sede do sujeito passivo com o escopo de fazer verificação outra, não relacionada com a infração em pauta, e ocorre, entrementes, a confissão espontânea com o implemento da obrigação tributária, então já não ficará descaracterizada a denúncia espontânea, e o sujeito passivo pode, apesar de estar sofrendo uma fiscalização outra, adjudicar-se àquela anistia almejada. É o que resulta do parágrafo único do art. 138.

A lei tributária, entretanto, só aceita a situação de perdão quando o ato praticado não seja daqueles eivados de malícia ou prenhes de conteúdo anti-social. Por isso, não concede a anistia àqueles que praticaram delitos penais tributários ou que agiram com dolo, simulação, fraude, inclusive por conluios maliciosos.

A idéia básica da anistia é aquele perdão que traz o "cordeiro ao redil"; aquele que faz resultar o implemento da obrigação sem a coação fiscal; aquele que agrega, ao ato confessório do sujeito passivo, a satisfação da obrigação e o arrependimento pela falta cometida.

Como o Código Civil Brasileiro diz em seu art. 129 que "a validade das declarações de vontade não dependerá de forma especial, senão quando a lei expressamente a exigir", e como a lei tributária não faz exigência sobre a forma da confissão voluntária, o sujeito passivo utilizar-se-á daquela que mais lhe convenha. Assim, se o tributo devido é daqueles que se sujeita ao lançamento por homologação, daqueles em que o Estado só toma conhecimento de seu crédito tributário quando o sujeito passivo paga seu débito, a denúncia espontânea estará automaticamente feita pelo ato do pagamento com os juros e correção monetária pertinentes. Poderá também ser feita através de declaração do seu débito às autoridades fiscais, acompanhada da competente prova da liquidação de sua obrigação.

Evidentemente o mesmo não se dará para os casos de lançamento de ofício, porque aí já teríamos a vinculação da autoridade fiscalizadora, a finalização da fiscalização, a impedir o voluntariedade do ato.

Outra condição básica para a anistia do art. 138 é a de que o sujeito passivo pague integralmente, com juros e correção monetária o tributo devido, ou deposite o valor que lhe arbitre a autoridade administrativa, se o *quantum debitoris* não estiver definido, ou, ainda, se se tratar de obrigação acessória, que a cumpra juntamente com a denúncia espontânea, providências que, como vimos, devem ser implementadas antes do início da fiscalização.

Por pagamento se entende aquela medida que extingue a exigibilidade do crédito tributário principal, ou que, ao dizer do próprio CTN (Cap. IV), é, dele, modalidade de extinção.

Não se coadunará com a extinção do crédito tributário ou com a extinção da exigibilidade do crédito tributário mera suspensão da referida exigibilidade, como é o caso da moratória ou do parcelamento da dívida, inexistindo qualquer norma que equipare a moratória ao pagamento para o caso especial da anistia do art. 138.

Aliás, o antigo Tribunal Federal de Recursos sumulou a questão de forma que até hoje é aplicada por nossos Tribunais, *litteris*:

"Súmula 208/TFR: A simples confissão da dívida acompanhada do seu pedido de parcelamento, não configura denúncia espontânea."

Já o mesmo não se dirá de um certo tipo especial de depósito. Se o *quantum debitoris* estiver indefinido, o valor que lhe atribua a Administração, quando devidamente depositado, será - embora o depósito, genericamente, seja modalidade de suspensão da exigibilidade do crédito tributário - será, repetimos, móvel legítimo para a anistia por denúncia espontânea, já que a lei assim o quer (art. 138).

Como já frisamos, o pagamento que se exige realizado, há de ser da totalidade do crédito tributário principal, com juros e correção monetária. Apenas as multas serão relevadas. E, por multas, entendemos as chamadas multas moratórias e as multas punitivas.

A relevação das multas punitivas não oferece maior dificuldade, eis que elas são a própria razão da anistia.

Já quanto às multas moratórias grassa divergência nos Tribunais, entendendo, alguns, que, como multas, devem ser relevadas pela denúncia espontânea e não devem ser pagas, e, outros, que por se tratar de indenização, por reparação do capital que ficou postergado nas mãos do sujeito passivo, nada têm de penalização e, portanto, devem ser pagas juntamente com o principal, juros e correções monetárias, para o atingimento da anistia da multa penal.

A multa moratória nasceu de uma necessidade de se estabelecer a reparação do valor do capital durante o tempo em que o sujeito passivo detinha o valor do crédito tributário em seu poder sem o repassar ao Estado. Tinha caráter puro de indenização do capital.

Foi ela criada a um tempo em que os juros limitados a uma taxa de 12% a.a. não davam respaldo ao prejuízo da mora, quando se sabia que os juros de mercado - especialmente aqueles que Fazenda tinha de pagar por sua Dívida Pública - eram bem mais elevados do que os 12% a.a.

Mesmo depois do advento da correção monetária, ainda aí convinha a permanência da multa moratória porque a história econômica registra que os mesmos juros de 12% a.a., ainda quando somados às correções, não eram suficientes para a remuneração adequada do capital de pagamento atrasado.

A necessidade de se manter intacto o capital, enquanto não retornava aos cofres públicos, no processo inflacionário galopante por que passou o País, agregados a uma falsa observação da Lei da Usura (quando só na aparência se cobravam os juros de 12% a.a.), foram as causas da criação e manutenção da chamada multa moratória.

A situação, à época, era, curiosamente, similar nas instituições financeiras. Os atrasos dos empréstimos estavam subordinados à cobrança de juros de 12% a.a. que, certamente não remunerava, vale dizer, não indenizava, convenientemente o capital em mora, quando por ocasião dos atrasos dos financiados. A prática bancária adotou, então, uma chamada "taxa de permanência", que passou a ser cobrada adicionalmente aos juros convencionais sob os olhares negligentemente disfarçados das autoridades monetárias e dos aplicadores da Lei da Usura. A cobrança era de certa forma justa, porque, ao captar os recursos necessários ao fundeamento dos empréstimos atrasados, havia o Banco de pagar a seus depositantes taxas maiores do que aquela imposta pela Lei da Usura, não raro sob as mais variadas e simuladas formas (descontava-se nos prazos, nos valores, pagava-se mais a título de serviços prestados, etc.), naturalmente também sob as vistas grossas e acumpliciadas das autoridades.

A disfarçada forma de remunerar ou reparar o capital público através das multas moratórias chegou a se aproximar escandalosamente dos juros (como se deles fossem um *plus*), quando a cobrança das mesmas esteve por um tempo subordinada a uma taxa e a um tempo da mora, numa quase justaposição à fórmula habitual dos juros (c.i.t./100).

A multa moratória teve, no âmbito tributário, as mesmas razões de criação e existência das chamadas taxas ou comissões de permanência do âmbito financeiro.

Entretanto, tudo mudou quando foi criada a chamada taxa SELIC, que passou a embutir a inflação (correção monetária) estimada com uma taxa de juros adequadamente remuneratória ao capital em mora. A taxa SELIC, aliás, em boa hora, passou a ser a medida da indenização do capital, tanto para a Dívida Pública, como para os créditos do Tesouro, dando idéia de que se passou a um estágio plenamente satisfatório da remuneração dos capitais em matéria de créditos públicos.

Em tais circunstâncias, a chamada multa moratória deixou de ter aquele caráter indenizatório do capital e passou a ser definitivamente desnecessária, quando a reparação ocorria, de forma plenamente satisfatória, pelos juros cobrados através da taxa SELIC.

Hoje, quando se sabe que as multas penais são aquelas que penalizam a conduta moratória do sujeito passivo, aquelas que, como diz Paulo Barros de Carvalho (*in Curso de Direito Tributário*, ed. Saraiva, 8ª edição, 1996, p. 355, como citado por Leandro Paulsen *in Direito Tributário*, 1ª ed. Livraria do Advogado, 1998, p. 138) "atemorizem o retardatário ou o desistimule na prática da dilação do pagamento", quando se sabe disso, repetimos, agregá-las às multas moratórias, sem qualquer necessidade, claramente nos coloca ante situação de confisco e, portanto, em desacordo com disposições constitucionais (art. 150, IV, CF/88). Cobrar tais multas moratórias, atualmente, é dar azo à lucupletação da Fazenda Pública por sobre os administrados.

Espera-se que o processo inflacionário, de certa forma contido, não retorne à economia do País, e, se voltar, espera-se que as autoridades tomem medidas claras e escorreitas, fixando de forma legal juros adequados à remuneração dos capitais, públicos e privados, sem que torne a ser necessária a adoção dos condenáveis malabarismos indenizatórios utilizados no passado.

Deixamos claro, inobstante, que os créditos públicos não podem ficar - como não podiam, antes - sem uma remuneração adequada enquanto nas mãos dos sujeitos passivos e enquanto não recebidos nos prazos de lei. Por isso, não vituperamos a multa moratória do passado, que, aplicada, embora, dentro de uma falsa moralidade, foi necessária para evitar a não-depauperação dos cofres públicos e a coibir a locupletação dos sujeitos passivos inadimplentes. Condenamos, contudo, a manutenção delas no presente, porque desnecessárias.

Sacha Calmon Navarro Coelho tem posicionamento idêntico (*in Teoria e Prática das Multas Tributárias*, 2ª ed. Forense, 1995, p. 68) e cita interessante trecho do Procurador da Fazenda Nacional, Leon Fredja Szklarowski (*in Cadernos de Pesquisa Tributária*, nº 4, sobre Sanções Tributárias, ed. Resenha Tributária, S. Paulo, 1979, fls. 537 e segs.), que nos permitimos reproduzir:

> "Bernardo Ribeiro de Moraes refere que a multa moratória exsurge da lei e impõe-se só pela inexecução da obrigação tributária. A mora decorre da impontualidade do devedor, independentemente de qualquer ato ou providência preliminar da Fazenda e, a nosso ver, 'constitui infração'. No caso de lançamento de tributo por declaração, o fisco costuma remeter ao contribuinte notificação de lançamento com três valores: valor devido, para ser pago antes do vencimento, da data do vencimento ou após o vencimento. O excelso Supremo Tribunal Federal, pelo seu pleno, manifestou, em diversos julgamentos, seu pensar sobre tão relevante assunto.
>
> O Ministro Cordeiro Guerra, louvando-se em decisão de Tribunal Paulista, acentua que as sanções fiscais são sempre punitivas, desde que garantidos a correção monetária e os juros moratórios. Com a instituição da correção monetária qualquer multa

passou a ter caráter penal, *in verbis*: "a multa era moratória, para compensar o não pagamento tempestivo, para atender exatamente ao atraso no recolhimento. Mas, se o atraso é atendido pela correção monetária e pelos juros, a subsistência da multa só pode ter caráter penal'. Relatando o recurso nº 79.625, sentencia que 'não disciplina o CTN as sanções fiscais de modo a extremá-las em punitivas ou moratórias, apenas exige sua legalidade'. O Ministro Leitão de Abreu, em alentado voto na busca da natureza jurídica da multa fiscal dita simplesmente moratória, reconsidera opinião antes dispendida, para acompanhando o Relator Min. Cordeiro Guerra, concluir que as sanções fiscais, por infração de lei administrativa, têm o caráter punitivo ou penal. O ministro Bilac Pinto, sem embargo de não admitir a exigência da multa moratória da massa falida, não titubeou em manter-se favorável à distinção da 'multa moratória' e 'multa punitiva', em matéria fiscal, ao contrário do que vem inscrito no acórdão *a quo*, do Tribunal Paulista, para o qual, em face do art. 113, § 3º, do CTN, não mais tem vida essa distinção, porquanto 'tais conceitos são valiosos para o controle jurisprudencial dos abusos do poder fiscal, pois os critérios de avaliação do caráter confiscatório das multas moratórias e das punitivas são diversos'.

O Ministro Xavier de Albuquerque, embora vencido, colocou a questão, em termos elevados: 'a multa chamada moratória tem, *primeiro caráter indenizatório e, segundo, não se destina apenas a reparar a mora, porque, para isso, serviriam os juros moratórios*. O Estado necessita dos recursos decorrentes da imposição tributária para prover aos seus fins a tempo e hora; se todos os contribuintes fossem negligentes e tardios no cumprimento de suas obrigações fiscais, ele não se repararia do prejuízo sofrido à custa de meros juros moratórios e, muito menos, de correção monetária, que serve apenas para exprimir por cifra diversa o mesmo valor intrínseco. *A multa é indenizatória da impontualidade,* pouco importando que ela dure um ano, seis meses ou seis anos. Ela é indenizatória da impontualidade, da falta do dever primário que tem o cidadão de acudir oportunamente, com sua contribuição aos fins do Estado' (o grifo é nosso), não se incompatibilizando de forma alguma, com a correção monetária. São institutos distintos. A multa moratória não se distingue da punitiva e não tem caráter indenizatório, pois se impõe para apenar o contribuinte, observa o Ministro Moreira Alves, seguindo o Rel. Cordeiro Guerra *in verbis*: 'toda vez que, pelo simples inadimplemento, e não mais com o caráter de indenização, se cobrar alguma coisa do credor, este algo que se cobra a mais dele, e que não se capitula estritamente como indenização, isso será uma pena ... e as multas ditas moratórias ... não se impõe para indenizar a mora do devedor, mas para apená-lo ...'"

De quanto ficou exposto, torna-se evidente a idéia de que as chamadas multas moratórias, confiscatórias e locupletativas - se sua cobrança for tentada pelo Poder Público - estarão incluídas, como meras penalidades comuns que passam a se conter na anistia que se pretende estabelecer com a denúncia espontânea do art. 138 do CTN. Destarte, o sujeito passivo fará jus à anistia (multas de quaisquer espécies) se pagar integralmente o tributo com os juros e correções monetárias decorrentes.

De certa forma, aliás, o Supremo Tribunal Federal assemelhou as multas moratórias às penais, quando, na Súmula nº 565, estabeleceu:

"Súmula 565/STF: A multa fiscal moratória constitui pena administrativa, não se incluindo no crédito habilitado na falência."

O inadimplente também há de estar em condições de chegar à anistia se, em lugar do pagamento, puder - com o mesmo efeito deste - lançar mão de uma daquelas outras modalidades de extinção da exigibilidade do crédito tributário que estão elencadas no art. 156 do CTN (compensação, transação, remissão, etc.).

Dois temas ainda devem ser abordados na apreciação do art. 138 do CTN: o da extinção da punibilidade e o da imputabilidade.

O primeiro tema tem dividido os aplicadores do Direito Tributário. Para alguns juízes, o art. 138 opera extinção da punibilidade; para outros, tão-somente é caso de anistia.

Nossa posição é pelo segundo entendimento. Estamos que o fato gerador da sanção ocorre simultaneamente com o ato infracionário. Quando o sujeito passivo não paga o tributo; não o solve na data aprazada em lei; ou quita-o com insuficiência; ou, ainda, quando pratica ato vedado ou deixa de praticar comando obrigatório; de todos estes casos infracionais surge imediatamente a decorrente sanção, geralmente uma multa pecuniária.

Desnecessária será a caracterização formal da referida sanção, pois embora até mesmo não calculada de imediato, foi ela gerada, existe e já se transformou em crédito tributário do Estado, somando-se imediatamente ao tributo impago ou, apresentando-se na forma de "multa isolada", quando derive de infração a obrigações acessórias.

Assim, não se pode falar em extinção de punibilidade, pois a multa se auto-aplicou tão-somente com a previsão legal e, também, com a ocorrência do fato jurígeno infracional.

Depois da incidência da sanção, já não se pode mais falar em extinção da possibilidade de aplicação penal (extinção da punibilidade), senão que da exclusão da exigibilidade da multa aplicada pela lei. É quando surgem as possibilidades de anistias, quer aquelas derivadas da denúncia espontânea, com o imediato pagamento do tributo (art. 138), quer aquelas derivadas do art. 180 do CTN, que, para seus fins de exclusão da exigência penal, hão de ser previstas em leis especiais.

Quanto à imputabilidade, cumpre dizer que, face à teoria objetiva adotada pelo CTN, das infrações fiscais derivarão penas para todas e quaisquer pessoas jurídicas e físicas. Não há inimputáveis ante o chamado Direito Tributário Penal, aquele em que se aplicam as penas administrativo-fiscais.

Não é o que ocorre nas situações de crimes e contravenções no âmbito tributário (o do Direito Penal Tributário). Aqui, todas as pessoas jurídicas são inimputáveis (*societas delinquere non potest*) e somente algumas físicas - aquelas dotadas de discernimento para entender suas ações com dolo ou culpa *stricto sensu* - poderão ser objeto de penalização.

Entretanto, não são poucas as vozes que se alçam pela adoção da imputabilidade penal das pessoas jurídicas, como poderemos ver pela reprodução de interessante texto de Lídia Maria Lopes Rodrigues Ribas (*in Questões Relevantes do Direito Penal Tributário*, 1ª ed. Malheiros, 1997, p. 96 e segs.):

"Sainz de Bujanda admite expressamente a possibilidade de as pessoas jurídicas serem sujeitos ativos das infrações penais tributárias. Ensina esse mestre que a pessoa jurídica pode exteriorizar sua vontade por meio de representação e também atuando por seus próprios órgãos, e se, nesta última hipótese, realizar atos ilícitos de conteúdo econômico e tributário, será sujeito ativo de infrações ou ilícitos tributários. Segundo ele, na ordem lógico racional, dados os princípios fundamentais em que se inspira o Direito Penal Comum, é possível afirmar a imputabilidade das pessoas jurídicas, apoiando-se no conceito da vontade social, própria do ente coletivo e que se expressa por meio de seus órgãos.

Não é crível de se supor que a pena aplicada à pessoa jurídica possa ser a mesma aplicável a uma pessoa física, mas as razões defendidas por Sainz de Bujanda tornam plausível a responsabilização penal da pessoa jurídica.

Não é simplesmente pelo fato de a pessoa jurídica não poder sofrer a pena privativa de liberdade que ela é penalmente irresponsável. O legislador deve prever penas compatíveis com a natureza da pessoa jurídica e graduá-las conforme suas características e em função também do delito praticado.

(...)

Podem ser aplicadas à pessoa jurídica penas pecuniárias e outras reações penais adequadas, como pena restritiva de direitos, a dissolução, a perda de bens e proveitos obtidos ilicitamente, etc.

Assim, ao lado das penas de cunho patrimonial de multa, poderiam as pessoas jurídicas sofrer outras sanções penais, como a interdição de estabelecimento e até a extinção da pessoa jurídica.

Cernicchiaro defende sanções mais eficazes para a responsabilização das pessoas jurídicas.

'É hora, sem dúvida, de vigorosa tomada de posição.

As sanções devem ser eficazes. Não se pode prescindir da interdição do estabelecimento, da sede da associação, compulsória. A multa, por si só, poderá ser ineficaz, ou mesmo estímulo para novos ilícitos, porque o seu valor será repassado ao preço, restando ao usuário ou consumidor o ônus de pagá-la.'

(...)

A Constituição Federal de 1988 admitiu o princípio da responsabilidade penal da pessoa jurídica em seu art. 173, § 5º. Uma análise sistemática desse preceito leva, inicialmente à constatação de que ele se insere no capítulo dos 'Princípios Gerais da Atividade Econômica', isto é, o princípio da responsabilidade penal da pessoa jurídica faz parte do capítulo 'Princípios Gerais da Atividade Econômica'; depois, os atos praticados contra a ordem econômica são, em parte, atos ilícitos praticados contra a arrecadação de impostos, uma vez que todo o imposto é um poderoso instrumento de política econômica.

(...)

Ora, o legislador constitucional, ao estabelecer a responsabilidade da pessoa jurídica nos atos contra a ordem econômica, não discrimina expressamente a que responsabilidade se refere, o que leva a concluir que se refira a todas as espécies de responsabilidade, incluindo-se a responsabilidade penal tributária.

Por esses motivos, não há como negar que o princípio da responsabilidade penal da pessoa jurídica se insere no campo do Direito Penal Tributário.

Resta demonstrado que a responsabilidade penal da pessoa jurídica é uma necessidade social, e este princípio já foi consagrado em diversos países, como os Estados Unidos, a Inglaterra, o Canadá, a Escócia, a França, a Holanda, Portugal, a Austrália, a Argentina, além de outros.

A responsabilidade da pessoa jurídica não é, então, exclusiva e nem em detrimento da responsabilidade de seus dirigentes. *Trata-se de uma responsabilidade cumulativa, pela qual a pessoa jurídica responde juntamente com a pessoa física.*

A responsabilidade penal da pessoa jurídica depende intrinsecamente da culpabilidade de seus dirigentes. Se estes não forem culpáveis, então a pessoa jurídica também não o será." [Grifos nossos].

Acompanhamos o pensamento da digna Professora da Universidade Católica Dom Bosco, em Campo Grande.

Cremos que as pessoas físicas dirigentes de pessoas jurídicas, ante a possibilidade de penalização tripla - pela privação pessoal da liberdade, pelas multas e pela perda eventual do comando da sociedade, com o afastamento dos representantes ou interdição do estabelecimento - naturalmente hão de melhor refletir, antes da prática de crimes contra o sistema tributário.

9. A responsabilidade no Direito Tributário Penal e no Direito Penal Tributário

A *responsabilidade* por infrações tributárias também tem incursões no Direito Penal. Embora não seja escopo deste trabalho, que sempre pretendeu examinar o tema da *responsabilidade tributária* no âmbito administrativo-fiscal, não há como se fugir da necessidade de, ao menos, se noticiar - ainda que de forma breve e, atrevidamente, avançando em terreno dos doutrinadores penalistas - a incidência da *responsabilidade* nas infrações criminais e contravencionais.

Desde logo surge a dicotomia que tanta tinta já fez gastar e tantas divergências e preocupações trouxe aos cultores do Direito Tributário e do Direito Penal: a distinção entre Direito Penal Tributário e Direito Tributário Penal.

O Direito Tributário Penal seria aquele que, de certa forma, enfrentamos durante o estudo dos artigos 136 a 138 do CTN, onde, como vimos, as sanções por infrações são de cunho *patrimonial*. Já o Direito Penal Tributário seria aquele que determina uma tipificação criminal ou contravencional do ato infracionário, capaz de gerar uma sanção *pessoal*, muitas vezes restritiva de liberdade, além da possibilidade patrimonial.

Hoje, boa parte dos doutrinadores está em que a diferenciação é meramente semântica, eis que ontologicamente infração é infração, sanção é sanção e pena é

A RESPONSABILIDADE TRIBUTÁRIA

pena - sem quaisquer variações conceituais-doutrinárias - em qualquer uma das duas divisões tomadas.

A mantença da distinção, mais por questões práticas e de didática, se faz principalmente com base: *a*) na gravidade da infração e na intensidade do dolo; *b*) na caracterização da vítima; *c*) na caracterização do agente: *d*) no tipo de legislação capaz de impor a sanção; *e*) na espécie de autoridade capaz de aplicá-la; *f*) no alcance da imputabilidade; e, *g*) na possibilidade da extinção da punibilidade.

Para o Direito Tributário Penal, a infração é de ordem fiscal, e a vítima é o Estado-arrecadador (aquele preocupado em amealhar recursos para o dispêndio nas diversas áreas sociais onde atua, como transportes, saúde, educação, defesa, cultura, esportes, justiça, ecologia, etc.). As infrações - quer de caráter subjetivo, quer de caráter objetivo - hão de ser punidas a partir de normas emanadas do ente estatal tributante. Assim, a União, os Estados, o Distrito Federal e os Municípios podem, através de suas legislações tributárias, prever sanções para infrações fiscais, pois a competência, *in casu*, lhes é "concorrente" (art. 24, I, CF/88). A aplicação das penas será realizada no âmbito administrativo-fiscal. Podem ser responsáveis pelas infrações e, portanto, coagidas a enfrentar a sanção, tanto as pessoas físicas como as jurídicas, todas, sem exceção, imputáveis face à posição de responsabilidade objetiva adotada pelo CTN. Para o Direito Tributário Penal, não se há de falar em extinção de punibilidade já que o art. 138 disso não trata. A circunstância é de anistia, como já frisado, e em caso tal, a sanção já ocorreu porque o fato gerador desta é concomitante com a infração, ainda quando não imediatamente calculada a pena patrimonial que, fruto da lei incidente, será, ou aplicada pelo Fisco - e aí a anistia somente poderá derivar das disposições do art. 180 do CTN - ou auto-aplicada pelo próprio sujeito passivo (quando pague por ocasião da denúncia espontânea) e, neste caso, derivará do art. 138. As penas-fiscais têm, como característica especial, a de que são transmissíveis da pessoa do infrator para os sucessores, *mortis causa* ou por ato *inter vivos*.

Já para o Direito Penal Tributário, a infração toca órbitas criminais ou contravencionais, e a vítima é o Estado-sociedade (aquele preocupado com ética, moral, costumes e preservação das boas condutas sociais). As infrações - de caráter subjetivo - serão sempre punidas a partir de leis penais para as quais a competência exclusiva é da União (art. 22, I, CF/88). A aplicação das penas somente se poderá realizar no âmbito do Poder Judiciário (*nulla poena sine judicio*). Não haverá imputabilidade para as pessoas jurídicas. Somente podem ser penalizadas as pessoas físicas. E nem todas, que, algumas, poderão estar ao abrigo da irresponsabilidade penal (menores, loucos, etc.). No âmbito do Direito Penal Tributário vamos encontrar a circunstância da extinção da punibilidade, diferentemente do que ocorre nas aplicações penais-fiscais. É que a pena criminal só derivará de aplicação judicial em processo específico, durante o qual poderão ocorrer situações de extinção de punibilidade, como as insertas nos artigos 15 e 16 do Código Penal Brasileiro ou aquelas previstas nos artigos 18 do Decreto-Lei nº 157, de 10.02.67, e no art. 34 da Lei nº 9.249, de 26.12.95. Mas também vamos encontrar, no mesmo âmbito criminal-tributário, aquela anistia abrigada nos artigos 107 e 108 do Código Penal, atuante, tão-somente, após as sentenças condenatórias. As penas criminais, como sabido e diferentemente das fiscais, não se transmitem das pessoas infratoras a quaisquer sucessores, por serem extremadamente pessoais.

As penas, em ambos os casos, pretendem reparar uma ordem jurídica que foi descumprida e fazer com que o agente não repita seu ato infracionário. No primeiro caso - o do Direito Tributário Penal, aquele em que são aplicadas sanções de cunho patrimonial (multas,

A RESPONSABILIDADE TRIBUTÁRIA

apreensões e/ou perda de bens, proibições de contratar com órgãos do ente tributante, negativas de certidões, arrolamento em listas de devedores, etc.) no âmbito administrativo-fiscal - o escopo é penalizar para defender a arrecadação, o Erário Público. No segundo - o do Direito Penal Tributário - aquele em que são aplicadas sanções pessoais (detenções, prisões, medidas de segurança, etc., que, por sinal, podem ser sentenciadas sem prejuízo daquelas outras sanções administrativas retro-referidas, derivadas da autuação fiscal) - a finalidade é penalizar para a defesa da boa conduta social e a reeducação do agente.

Como dissemos, as normas gerais que regem o chamado Direito Tributário Penal estão nos artigos 136 a 138 do CTN.

Já as principais normas gerais do Direito Penal Tributário estão no próprio Código Penal, onde, por sinal, se encontram raros tipos específicos, como o de importação ou exportação de mercadorias proibidas e os do contrabando e descaminho (art. 334), e em leis penais esparsas.

As principais leis especiais que definem crimes tributários são:

- sobre crimes de sonegação fiscal - Lei nº 4.729, de 14.07.65 (art. 1º), ampliada pela Lei nº 5.569/69 (que acrescentou um inciso V ao art. 9º da Lei 4.729/65); e Decreto-Lei nº 157, de 10.02.67 (art. 18), sobre extinção de punibilidade pela satisfação da obrigação tributária, inclusive nos casos de contrabando e descaminho, conforme a Súmula 560/STF);

- sobre crimes contra a ordem tributária - Lei nº 8.137, de 27.12.90 (em especial seus artigos 1º, 2º, 3º, 11, 12, 15 e 16); art. 34 da Lei nº 9.249, de 26.12.95 (sobre extinção de punibilidade pela satisfação da obrigação tributária); e, art. 89 da Lei nº 9.099/95 (sobre possibilidade de suspensão do processo penal para os crimes previstos no art. 2º da Lei 8.137/90, que têm a pena mínima cominada em seis meses de detenção).

- sobre crimes contra a previdência social - art. 95 da Lei nº 8.212, de 24.07.91.

Em todos os casos - administrativos e criminais - as sanções terminam por derivar da *responsabilidade* do agente pelo descumprimento da norma principal, embora tenha ficado patente, neste trabalho, que a legislação brasileira nem sempre manteve, a respeito do termo, uma conceituação purista desejável.

Bibliografia

AMARO, Luciano. *Direito Tributário Brasileiro*. São Paulo: Saraiva, 1997.

BECKER, Alfredo Augusto. *Teoria Geral do Direito Tributário*. 3ª ed. São Paulo: Lejus, 1998.

CARVALHO, Paulo de Barros. *Direito Tributário*, 2ª ed. São Paulo: Saraiva, 1999.

COELHO, Sacha Calmon Navarro. *Comentários ao Código Tributário Nacional*, coord. Carlos Valder do Nascimento. Rio de Janeiro: Forense, 1997.

——. *Teoria e Prática das Multas Tributárias*, 2ª ed. Rio de Janeiro: Forense, 1995.

FANUCHI, Fábio. *Curso de Direito Tributário Brasileiro*. São Paulo: Resenha Tributária, 1971.

JUSTEN FILHO, Marçal. *Sujeição Passiva Tributária*. São Paulo: Cejup, 1986.

MACHADO, Hugo de Brito. *Curso de Direito Tributário*, 14ª ed. São Paulo: Malheiros, 1998.

MONTEIRO, Washington de Barros. *Curso de Direito Civil*, 28ª ed. São Paulo: Saraiva, 1995.

MORAES, Bernardo Ribeiro. *Compêndio de Direito Tributário*, 2ª ed. Rio de Janeiro: Forense, 1994.

PAULSEN, Leandro. *Direito Tributário: Constituição e Código Tributário à Luz da Doutrina e da Jurisprudência*, 2ª ed. Porto Alegre: Livraria. do Advogado, 2000.

RIBAS, Lídia Maria Lopes Rodrigues. *Direito Penal Tributário*, 1ª ed. São Paulo: Malheiros, 1997.

VILLELA, Gilberto Etchaluz. *Teoria da Exigibilidade do Crédito Tributário*, 1ª ed. Porto Alegre: Síntese, 1999.

livraria DO ADVOGADO editora

O maior acervo de livros jurídicos nacionais e importados

Rua Riachuelo 1338
Fone/fax: **0800-51-7522**
90010-273 Porto Alegre RS
E-mail: info@doadvogado.com.br
Internet: www.doadvogado.com.br

Entre para o nosso *mailing-list*

e mantenha-se atualizado com as novidades editoriais na área jurídica

Remetendo o cupom abaixo pelo correio ou fax, periodicamente lhe será enviado gratuitamente material de divulgação das publicações jurídicas mais recentes.

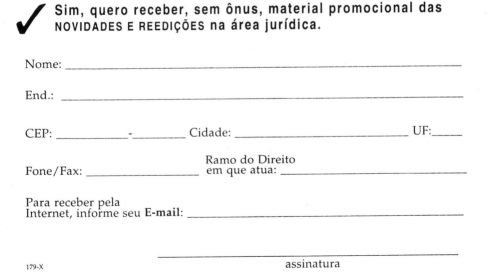

Sim, quero receber, sem ônus, material promocional das NOVIDADES E REEDIÇÕES na área jurídica.

Nome: _____

End.: _____

CEP: _____-_____ Cidade: _____ UF:_____

Fone/Fax: _____ Ramo do Direito em que atua: _____

Para receber pela Internet, informe seu **E-mail**: _____

assinatura

179-X

Visite nossa livraria na internet

www.doadvogado.com.br

ou ligue grátis
0800-51-7522

> DR-RS
> Centro de Triagem
> ISR 247/81

CARTÃO RESPOSTA
NÃO É NECESSÁRIO SELAR

O SELO SERÁ PAGO POR

LIVRARIA DO ADVOGADO LTDA.

90012-999   Porto Alegre   RS